서양 건축의 역사

사토 다쓰키 | 지음
조민경 | 옮김

CONTENTS

머리말

　본서는 과거의 유럽 건축에 관심이 있는 모든 사람들을 대상으로 쓴 책이다. 전문 지식을 갖추지 않은 많은 분들을 염두에 두고 쉽게 설명하고자 노력했다.

　본서에서 일컫는 서양이란, 정확히 말하자면 제국의 영토였던 동유럽을 포함하지 않는다. 따라서 그 시대와 지역의 건축 양식인 비잔틴 건축은 언급하지 않았다. 또한 유럽의 건축에 큰 영향을 준 이집트 건축도 언급하지 않았다. 그 이유는, 본서에서는 서양 건축의 역사를 조형 원리가 서로 다른 두 가지 흐름으로 파악하는 데 역점을 두었기 때문이다.

　그 흐름 중 하나는 「오더」의 조형 원리에 따른 양식 계통(고전계라 부른다)이다. 오더란, 원주(円柱)와 그것이 떠받치는 수평재로 구성된 건축의 가장 기

본적인 구성 성분으로, 그리스인에 의해 보편적인 미의 규범으로까지 발전했다. 말하자면 궁극의 형식이기 때문에 이것을 버리고 처음부터 양식을 재창조하기에는 대단히 긴 시간을 요했다(새로운 말을 발명하는 것과도 같다). 본서가 다루는 범위에서는, 로마인의 고대부터 게르만인의 중세에 이르기까지 역사가 크게 변환되었을 때 그러한 재창조가 딱 한 번 있었다. 그리고 이것이 제2의 흐름을 형성한다.

중세의 건축은 새로운 조형 원리를 구축했지만 미의 규범은 낳지 않았다. 중세 건축이 노린 것은 미의 형식이 아니라 공간의 내용에 있었기 때문이다.

한편 르네상스의 사람들은 중세를 부정하고 고대 로마로 회귀했기 때문에 여기서 또다시 오더가 미의 규범으로 부활하게 된다. 더구나 고대 로마의 위력은 대단히 강했고 오더의 보편성은 확고한 것이었기에 이를 대신할 미적 규범은 끝내 나타나지 않았다.

판테온(로마 A.D.118년~)의 돔 : 중앙에 뚫린 창문으로 쏟아지는 햇빛이 격간(格間)으로
덮인 돔의 표면을 이동하는 모습은 천체 운행의 원리를 연상시킨다.

제1장
양식의 두 가지 흐름

두 개의 세계

니스 부근에서 프랑스와 이탈리아의 국경을 따라 북상하여 스위스를 동서로 종단하고 오스트리아의 빈(Wien) 분지에 이르는, 전체 길이 약 1000㎞에 달하는 산맥을 알프스 산맥이라고 한다. 표고(標高) 4000m급의 고봉이 이어지는 이 험준한 산맥은 역사적·문화적으로 유럽을 두 개의 세계로 나누어왔다. 지중해 세계와 알프스 북측의 세계가 바로 그것이다.

오늘날의 유럽 문화는 이 두 개의 세계가 각각 독자적으로 낳은 두 개의 문화에 기원한다고들 말한다. 하천의 흐름에 비유하자면, 고대 지중해 세계에서

유럽의 위성사진 : 중앙부에 보이는 눈 쌓인 부분은 알프스 산맥.
이 험준한 산맥이 유럽을 역사적으로 두 개의 세계로 나누어왔다.
©Product/Clear Light Image Products Agency/ARTBANK/SEKAI BUNKA PHOTO

발원하여 성숙한 고전 문화의 흐름은 로마 제국 멸망 후 점차 쇠퇴하면서 땅
속에 스며들어, 알프스 이북의 세계에서 탄생하여 성장한 중세 기독교 문화의
거센 흐름에 강바닥을 내주었다. 하지만 고전의 수맥은 마르지 않고 곳곳에서
용수를 만들고 복류(伏流)가 되어 중세에 살아남았고, 르네상스기의 이탈리아
에서 다시 한 번 격류를 일으키며 지표로 분출되어 기독교 문화의 흐름에 들
씌워졌다. 합류한 두 개의 흐름은 때로는 표층류가 되고, 때로는 저류가 되면
서도 점차 뒤섞여 오늘날까지 내려왔다. 본장에서는 이러한 문화사의 흐름을
염두에 두며 유럽 건축의 역사와 특질을 대략적으로 살펴보고자 한다.

양식의 두 가지 계통

양식이란, 특정 작품이나 작품군에 존재하는 고유한 예술표현상의 특징을 일컫는다. 특히 건축사나 미술사에서는 역사적인 범주 안에서 작품을 파악하기 위하여 특정 시대와 지역에 보편적으로 보이는 특징에 따라 양식을 정의한다. 그리스, 로마, 로마네스크, 고딕 또는 르네상스, 바로크 등으로 불리는 양식이 바로 그것이다.

이들 양식은 각각 고유의 양상을 띠고 있지만, 그 사이에서 아주 비슷한 조형적 특징을 갖는 것과 그렇지 않은 것을 찾아낼 수 있다. 이렇게 2500년 이상에 걸쳐 전개된 유럽 건축의 양식은 그것들의 조형적인 유연(類緣)관계를 살펴봄으로써 기원을 달리하는 두 개의 계통으로 추릴 수 있다.

지중해 세계에 기원을 둔 고전 건축 계통(그리스, 로마, 르네상스, 바로크, 신고전주의/네오 클래시시즘)과, 알프스 이북의 유럽에 기원을 둔 중세 건축 계통(로마네스크, 고딕 리바이벌)이 바로 그것이다. 이들 계통은 이미 보았듯이 앞서 설명한 두 개의 문화 흐름에 부합된다.

우선은 두 가지 계통을 더듬어가며 유럽 건축의 역사를 간단히 기술하고자 한다.

유럽 건축의 흐름

기원전 12세기경, 원주민을 몰아내고 펠로폰네소스 반도와 소아시아(현재의 터키) 연안 지역에 정착한 그리스인은 기원전 7세기경부터 자신들의 양식(樣式)을 창조하기 시작했고, 기원전 5~4세기경에는 고도로 세련된 예술적 재능을 발휘해 그것을 완벽한 경지로까지 높였다. 그리스 양식이 역사를 초월하여 강력한 위세를 떨친 것은, 그것이 중력의 지지라는 건축의 가장 본원적인 기능

그리스 건축의 최고봉 : 아테네 파르테논 신전(B.C.447~432년)

로마 건축의 대표작 : 로마의
콜로세움(A.D.70~80년경)

을 비할 데 없는 명석함과 풍부한 상징성에 따라 일종의 보편적 미(美)로 표현하고, 몇 가지의 전형으로까지 승화시켰기 때문이다.

그리스 양식은 그 후 헬레니즘 세계의 확대에 따라 다소 자유로운 해석을 동반하며 동지중해에서 오리엔트에까지 퍼졌지만, 이 유산을 진정으로 이어받아 새로운 전개를 보여준 것은 로마 건축이다. 기원전 2세기 이후, 헬레니즘 세계를 대신하여 지중해 전역에 패권을 확립한 로마는 예술적 모범을 보이기 위해 그리스 양식 흡수에 힘썼지만, 그 참뜻을 완전히 이해하기보다 그것을 다양한 건축 형태에 적용하는 데 큰 관심을 보였으며, 마침내 유능한 공학적 재능과 공간적 구상으로 독자적인 해답을 찾아냈다. 이들 고대 그리스·로마의 양식을 합쳐서 고전 양식이라고 한다.

기원후 100년경의 로마는 지중해뿐만 아니라, 북쪽으로는 브리튼 섬, 갈리아(현재의 프랑스, 벨기에, 라인강 이서의 독일에 해당한다)부터, 동쪽으로는 메소포타미아에까지 이르는 대제국을 구축하여 각지에 건축의 발자취를 남겼지만, 이윽고 제국 내부의 모순과 게르만 민족의 침입에 의해 국력이 저하되어 476년에 멸망했다. 이후 15세기에 르네상스가 개시되기까지를 중세라고 한다.

375년의 도나우 강 도하를 시작으로 잇따라 로마 제국 영내로 침입한 게르만 민족은 혼란과 마찰을 일으키며 영내를 활발히 이동했지만, 6세기에 들어서자 점차 잠잠해지더니 마침내 각지에 정착하여 몇 개의 나라를 건국했다. 이후 역사의 무대는 지중해에서 알프스의 북측으로 이동했고, 로마인을 대신하여 게르만인이 주역을 맡게 되었다.

한편 팔레스티나에서 발원하여 313년에 로마 제국의 공인을 받은 기독교는 알프스 이북의 갈리아 땅에도 침투하여 중세 유럽을 지탱하는 정신적 지주가 되었다.

당초 고유의 양식이라 부를 만한 것을 가지지 못했던 게르만인은 선진 로마의 건축을 도입하려 했지만, 너무 큰 로마와의 문명적 격차를 해소하지 못하고 결국 만족스러운 성과를 이루지는 못했다. 하지만 마침내 기독교 정신을

양식 흐름의 약년표

고전계	중세계

고대

그리스 건축
B.C.7c~B.C.2c
로마 건축
B.C.2c~A.D.4c

초기 기독교 건축
A.D.3c~6c

중세

카롤링거 왕조 건축
8c~9c
로마네스크 건축
10c~12c
고딕 건축
12c~15c

근세

르네상스 건축
15,16c
마니에리슴 건축
바로크 건축
17c
로코코 건축

**18
·
19
세
기**

신고전주의 건축
(네오 클래시시즘)

고딕 리바이벌

역사주의 건축

로마네스크 건축의 걸작 : 마
리아 라아흐 수도원 성당(독일
1093년경~)

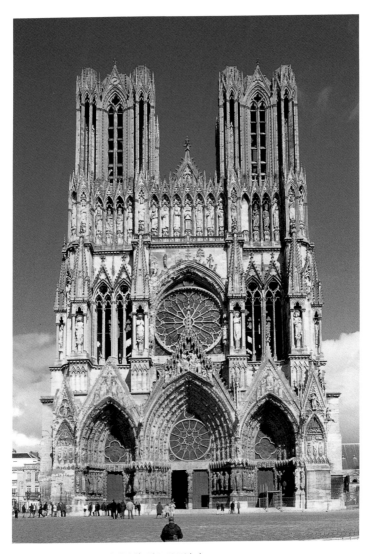

고딕 건축의 대표작 : 란스의 대성당(프랑스 1211년~)

제 것으로 만들며 민족 본래의 속성을 서서히 개화시켜 고전 건축과는 전혀 다른 원리에 기초한 건축 양식을 낳게 되었다.

즉, 9세기경에 로마 건축의 게르만적·기독교적 부흥을 시도한(카롤링거 왕조 건축) 뒤, 유럽이 공통의 문화적 통합을 보인 11세기부터 12세기에는 각지에 지방색이 풍부한 로마네스크 건축을 성립시켰다. 그리고 12세기 중반경, 로마네스크 속에 포함되었던 잠재적 가능성을 극한까지 추구함으로써 고딕 건축을 창조하는 데 이르렀다.

고딕 건축은 파리를 중심으로 한 반경 150㎞ 정도의 일 드 프랑스라 불리는 지역에서 발생하여 성숙한 뒤, 13세기 이후에는 프랑스식으로 유럽 전역에 퍼졌고, 그 지역의 건축적 전통과 결합되며 더욱 발전했다. 게르만인의 독창성은 고딕 건축에서 시작하여 고전고대(古典古代)의 건축과 어깨를 나란히 하는 결실을 거두었다고 해도 좋으리라.

중세라는 시대는, 말하자면 사람들이 교회의 인연으로 종교적 세계 속에 단단히 고정되어 안주하던 시대다. 15세기 이탈리아의 피렌체에서 시작된 르네상스는 이러한 세계를 크게 전환시켰다. 인간을 교회의 속박에서 해방시키고

르네상스의 개시를 고한 브루넬레스키의 명작 : 피렌체의 고아원(1421년~)

스스로의 가치에 눈 뜨게 하면서 중세에 종언을 고했다. 그 모범이 된 것이 고대 로마의 사상이고 예술이고 문화였다. 즉, 고전의 재생(=르네상스)이다. 이 때문에 로마 제국이 멸망한 뒤 거의 1000년 동안 쇠퇴했던 고전 건축은 다시 한 번 새로운 생명을 부여받았다.

르네상스의 건축가는 로마 건축 연구를 통해 고전의 이념을 재발견하고, 그것을 창작의 규범으로 삼으며, 인간적이고 격조 높은 양식을 창조했다.

피렌체에서 발원한 우아하고 경쾌한 르네상스 건축은 로마에서 기념비적이고 엄격한 성격을 지녀 양식적 완성을 이룬다. 그리고 16세기에 들어서면서 알프스 이북의 나라들에도 퍼져 종언을 맞은 고딕 건축과 교체되며 각각의 문화적 배경 속에서 개성적인 표현을 낳았다.

하지만 일단 이상을 달성하고 끝난 르네상스 건축은, 이번에는 고전의 언어를 쓰면서도 기교나 파조(破調) 속에서 새로운 미를 모색하기 시작했다(마니에리슴).

알프스 이북의 나라들에서 르네상스의 시대는 종교개혁의 시대이기도 했다. 로마 교황청은 스스로의 정화에 힘쓰면서도 북쪽의 신흥 개혁 세력에 대해 격렬한 반종교개혁 운동을 전개했다. 반종교개혁에 따른 종교적 정열의 열광적인 고조와, 르네상스 후의 양식 모색 속에서 탄생한 것이 바로크 건축이다. 바로크는 고전의 흐름을 받아들여 고전의 언어를 쓰면서도 고전의 규범을 파괴하여 새로운 표현의 가능성을 개척했다.

17세기의 로마에서 발원한 바로크는 활동적이고 화려한 성격이기 때문에 알프스 이북에서는 절대주의 왕정과 결부되어 퍼지면서 궁정 건축 등을 중심으로 다양한 표현을 낳았다. 마침내 프랑스에서는 궁정이나 상류 귀족의 생활양식 속에서 점차 화려하고 섬세하게 변모해가며 장식적인 로코코로 이행되었다.

18세기는 이성의 시대라 불리며 다수의 지적 탐구나 과학적 발견이 이루어졌다. 건축 분야에서는 고전의 원류인 고대 건축이 역사학·고고학의 성과로서 르네상스 사람들의 이해를 훨씬 능가하는 정확성과 깊이로 재발견되었다. 이러한 배경에서 고대적 순수함을 이상으로 삼고 고고학적 정확성으로 그것

바로크 건축의 걸작 : 로마의 산 카를로 알레 콰트로 폰타네 성당(1638년~)

을 실현하려 한 신고전주의(네오 클래시시즘)가 탄생했다. 이 양식은 고전적 규범에서 벗어나 이성보다도 열정에 가치를 두는 바로크나 로코코에 대한 반동의 발로이기도 했다.

또한 이 시대에 그리스가 로마에 선행한 고대문명으로 발견되었음에 자극을 받아, 19세기에 들어서자 신고전주의는 특히 독일과 영국에서 그리스 건축을 모범으로 한 방향으로 진행되었다.

한편 18세기 말부터 19세기 초에 걸쳐 계몽주의의 이성만능에 대한 반동으로 낭만주의운동이 일어났다. 정감과 직관을 중시하고 현실적인 것보다도 공간적·신비적인 것에 가치를 둔 이 사조는 온 유럽에 파급되어 건축에도 영향을 끼쳤다. 구체적으로는 알프스 이북의 사람들에게 친밀한 과거인 중세를 동경하게 만들었는데, 특히 중세 건축의 전통을 온존해온 영국을 중심으로 고딕 리바이벌(네오 고딕)로 나타났다.

19세기에는 신고전주의와 고딕 리바이벌이 병존하였고, 더욱이 르네상스나 바로크까지도 재부흥의 대상이 되었다(네오 르네상스, 네오 바로크). 이렇듯 19세기 말에는 과거의 다양한 양식이 전부 등장하여 모든 양식의 가치가 상대화되었다. 그리고 그 배후에서는 근대 건축을 준비하는 근본적인 변화가 진행되고 있었다.

이상, 그리스에서 근대 직전에 이르기까지 나타난 건축 양식의 흐름을 간단히 살펴보았다. 여기서는 범위를 좁혀 계통적인 흐름만 기술하였으며 양식의 특징에 대해서는 언급하지 않았다. 그것에 대해서는 제2장과 제3장에서 자세하게 설명하도록 하겠다.

이제 두 가지 계통의 본질적인 차이에 대해 이야기를 이어갈까 한다. 그렇게 함으로써 건축의 양식을 성립시킨 근본적인 조건이 드러날 것이다.

신고전주의 건축의 대표작 :
런던의 대영박물관(1781년~)

네오 바로크
(역사주의)
건축의 걸작 :
파리의 오페라좌
(1825년~)

건축의 두 가지 기능
「지탱하기」와 「에워싸기」

기능의 이야기부터 시작해보겠다. 건축이 건축답기 위한 가장 기본적인 기능(역할)이란 무엇일까? 필자는 「에워싸기」와 「지탱하기」가 아닐까 생각한다.

더위, 추위, 습기, 비, 바람, 강렬한 햇빛. 맹수, 해수(害獸), 해충. 적, 도적, 낯선 사람, 이웃. 이것들은 인간의 생존을 위협하는 존재이자, 때로는 쾌적한 생활을 방해하는 존재이기도 하다. 그것들로부터 몸을 보호하고 안정된 생활을 유지하기 위해 인간은 주거라는 울타리를 만들었다. 처음에는 지극히 단순한 울타리였을 테지만, 아마 그것이 건축의 원초적인 모습일 것이다. 건축은 에워싸기에서 시작되었다고 해도 좋으리라.

하지만 에워싸기는 단순히 위험이나 위협, 불쾌함으로부터 몸을 비호하는 것만을 의미하지는 않는다. 아니, 그것에 머물렀다면 진정한 건축은 탄생하지 않았을 것이다. 에워싼다는 것은 공간의 무한한 넓이 속에서 특정 장소를 선택하고, 그곳에 하나의 한정된 넓이를 만드는 일이다. 다른 것과 구별되는 특별한 장소를 만들어 생활의 중심을 정하는 일인 것이다. 거처를 정한다고 보면 될 것이다.

거처란, 그곳에서 바깥 세계로 나오고 또다시 그곳으로 돌아오는 기점이다. 따라서 거처를 정하는 일은 세계 속에 자기 자신을 정위(定位)시키는 일이다.

혼돈스러운 무한정의 세계에서 떠도는 인간은 작고 불안하며 미덥지 못한 존재다. 따라서 자기 자신을 유지하기 위해 중심을 정하고 세계와의 관계를 확립시켜야 한다. 그래야 비로소 세계에 질서가 잡히고, 인간은 자기 자신의 생을 살아갈 수 있다고 한다. 인간은, 말하자면 그러한 대소무수(大小無數)한 중심의 연쇄 속에서 살고 있다고 해도 과언이 아니다.

그것들의 중심이 반드시 에워싸여 있었다고 단정 지을 수는 없을 것이다. 이를테면 풀 위에 펼친 돗자리는 소풍을 즐기는 가족에게 한때의 사소한 중심이다. 또한 먼 옛날 성스러운 바위와 성스러운 나무와 성스러운 샘물은 토지에 사는 사람들의 영혼을 매어두는 강력한 중심이었다. 하지만 에워싸지 않은 중심은 경계가 불분명하다. 따라서 누구에게나 명확하지는 않기 때문에 준비 없이 침략당할 위험성이 있다. 때문에 인간의 생활에 깊게 연관된 중심은 울타리를 만들어 경계를 명확하게 한 뒤 보호되어야 한다.

주거, 학교, 병원, 오피스 빌딩, 도서관, 극장, 미술관, 관청, 호텔, 요컨대 모든 건축은 울타리다. 그런데 피라미드는 건축일까? 피라미드 또한 왕의 관을 덮은 견고한 울타리이자 건축이다. 인간을 위한 내부 공간을 갖지 않는 이러한 종교적 구축물도 사자(死者)의 영혼이 머물거나, 신의 주거·거처로서 구상되었기에 분명 건축이며 울타리다.

건축의 「에워싸기」 기능은 위와 같이 인간의 생에 대단히 깊은 의미를 가진다. 그렇기 때문에 그 의미를 표현하고자 창조의 정열을 쏟은 것이다.

화제를 「지탱하기」 기능으로 바꿔보자.

건축은 대지에 뿌리내린 것이다. 왜냐하면 「에워싸기」는 무한으로 펼쳐진 지형 중에서 특별히 「고른 장소」이기 때문이다. 그곳은 배수가 좋고 시원한 바람이 부는 기분 좋은 곳이었는지도 모르고, 그곳에서 보이는 산봉우리들의 모습이 특별히 성스러웠는지도 모른다. 아니면 성인(聖人)의 순교지였는지도 모른다. 다양한 이유가 있겠지만 그곳은 다른 곳과는 구별되는 특별한 장소로서 선택되었다. 따라서 건축은 이곳, 즉 대지의 이 특별한 한 점에서 시작되지 않으면 안 된다.

건축이 대지에 뿌리내린 한 중력은 건축의 숙명이다. 건축뿐만 아니라 지구상의 다양한 물체는 중력의 작용을 피할 수 없다. 하지만 모든 물체의 형상이 중력에 의해 결정되는 것은 아니다. 이를테면 배나 비행기도 중력의 작용을 받지만 전체의 형상을 결정하는 것은 오히려 운동 시에 받는 물과 공기의 압력이나 충격력, 혹은 관성력 등의 동적인 힘이다.

또한 지상에 고정된 물체라도 개집 같은 작은 물체에는 중력이 그리 큰 결정 요인이 아니다. 작은 물체는 통상 그 자체의 무게에 의해 부재의 내부에 발생하는 힘의 크기가 재료의 강도를 훨씬 밑돌기 때문이다. 일반적으로 큰 물체일수록 중력의 작용(그 자체의 무게)이 형상에 크게 영향을 미친다고 보면 된다 (개집이 그 자체의 무게로 무너지는 일은 거의 없지만 대규모의 구조물은 잠재적으로 그 위험을 품고 있다고 해도 좋다).

건축은 대지에 서 있기 때문에, 그리고 인간의 생활공간을 덮을 정도로 커다란 구조물이기 때문에 중력의 지배를 받는다. 「에워싸기」가 존속되기 위해서는 이 힘에 견디며 형상을 영속적으로 유지해야 한다. 중력을 「지탱」함에 따라 「에워싸기」를 영속시키는 것이다. 이것이 건축에 주어진 사명이다.

피사의 산 피에로 아 그라도 성당(이탈리아 · 로마네스크 12세기) : 「에워싸기」의 단적인 표현

아이기나의 아파이아 신전(그리스 B.C.500년경) : 「지탱하기」의 직접적인 표현

기능의 두 가지 표명
「기둥」과 「벽」

건축은 하나의 구조예술이며, 조형 또한 하나의 구조예술이다. 모두 입체적인 조형이라는 점에서 공통되지만 건축이 조형과 크게 다른 점은, 건축의 조형이 「지탱하기」와 「에워싸기」에 봉사해야 한다는 점이다. 여기에 건축 표현의 기본이 있다. 이 두 가지의 기능을 표명하는 것이 「기둥」과 「벽」이다.

여기서 하나의 명제를 제시하고자 한다. 본래 「지탱하기」 기능은 「기둥」에 의해 표명되고, 「에워싸기」 기능은 「벽」에 의해 표명된다는 명제를 말이다. 물론 기둥도 닫힌 평면도형을 따라 일정 간격으로 늘어놓으면 그것이 「에워싸기」다. 또한 벽이 대다수의 경우에 중력을 「지탱」한다는 것도 물리적으로는 자명한 사실이리라. 하지만 여기서는 하나의 기둥과 하나의 벽이 갖는 단순한 모습이 인간에게 부여하는 감각과, 그것이 지니는 기본적인 의미에 대해 생각하고자 한다. 그것이 여기서 말하는 본래의 기능이라는 것이다. 또한 기능을 표명한다는 것은 그 물체가 완수해야 할 본래의 기능을 그 외견으로 보여주는 일이다.

또한 「천장」과 「지붕」도 「에워싸기」 기능의 표명이며 건축의 공간 표현에 불가결한 요소지만, 유럽 건축의 두 가지 계통을 대비적으로 논하려는 본장에서는 논제에서 제외했다.

모든 물체를 대지로 끌어들이려는 연직(鉛直)의 힘이 중력이다. 이 힘에 저항하며 물체를 밀어내려는 힘을 발휘하는 것이 「지탱」이다. 충분한 굵기로 대지에 직립한 하나의 기둥은, 이 지탱력의 크기와 방향을 단적으로 나타내고 있다.

기둥이 연직방향(지탱하는 힘의 방향)으로만 방향성을 가진 것은 「지탱」 감각을 낳는 커다란 요소다. 이에 반해 벽은 연직방향뿐만 아니라 수평방향으로도 퍼진다. 게다가 보통은 연직방향보다도 수평방향으로 크게 확대된다. 그 때문에 벽에서는 연직방향의 지향성이 약해지고 「지탱」의 표현성이 엷어진다.

오더가 벽면의 구성을 결정하는 고전계(르네상스)의 교회당 파사드(건축물의 주된 출입구가
있는 정면부-역주) : 베네치아의 산 조르조 마조레 성당(1566년~)

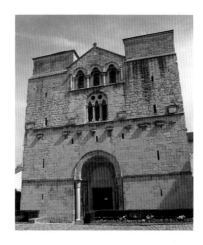

오더의 통솔을 받지 않고 자유롭게 조형된
중세계(로마네스크)의 교회당 파사드 :
느베르의 생테티엔 성당(프랑스 1063년~)

오히려 벽의 특질은 면으로서의 횡적 확장에 있다. 벽은 옆으로 확장됨으로써 시선을 가로막고 사물을 뒤로 감춘다. 감추는 것은 무언가를 보호하는 일이다. 이 의미로 보건대 「벽」은 자립한 존재가 아니라 다른 물체에 「지탱 받는」 얇은 판자나 막 같은 것이라 해도 좋을 것이다. 물론 튼튼하게 자립한 벽이라면 물리적으로도 인간이나 물체를 튕겨내어 그것들의 침입을 막는다. 하지만 이 경우에도 벽의 역할은 중력을 지탱하는 것이 아니라 정면에서의 힘이나 공격에 견딤으로써 뒤에 있는 무언가를 보호하는 데에 있다.

이렇듯 인간은 무언가를 주위로부터 감추고 보호하기 위해 기둥이 아니라 벽으로 「에워쌌다」. 「벽」의 두께는 「에워싸기」의 방어 강도를 나타내는 것이지 중력의 크기를 나타내는 것은 아니다. 하지만 「기둥」의 두께는 지탱하는 중력의 크기를 나타낸다. 따라서 「기둥」은 중력을 지탱하기 위해, 그리고 지탱하는 것처럼 보이기 위해서 그에 걸맞은 두께를 필요로 한다.

이상이 「기둥」과 「벽」이 지니는 본래의 의미(표명하는 기능)다. 「기둥」과 「벽」이 표명하는 기능은 양쪽 모두 건축의 근본적인 것이기에 건축 조형의 기반이 되어 각각의 의미에 뿌리내린 조형의 논리를 낳게 된다.

유럽의 건축 양식은 그 두 개의 논리에서 양자택일함으로써 기본적 성격을 가졌다고 짐작된다. 결론을 말하자면, 고전 건축의 계통은 「기둥」의 조형 논리에 따라, 중세 건축의 계통은 「벽」의 조형 논리에 따라 각각 양식적 특징을 형성한 것이 아닐까 생각된다.

다만 여기서 오해가 없도록 덧붙이고 싶은 것은, 고전 건축의 계통이 「에워싸기」와 벽을, 또한 중세 건축의 계통이 「지탱하기」와 기둥을 포기한 것은 아니라는 사실이다. 「기둥」의 논리와 「벽」의 논리는 어디까지나 건축의 외견에 관련된 조형 방법론이지, 「지탱하기」와 「에워싸기」 기능 자체는 양쪽 모두 건축 그 자체에 의해 훌륭하게 완수되고 있다.

중세계 건축의 외관은 내부의 공간을 표현한 결과다 : 부르주 대성당(프랑스 · 고딕 12세기 말)

고전계 건축의 벽면은 오더에 의해 통솔되었다 : 베르사이유 궁전 정원 측의 남쪽 입면/立面(프랑스 · 바로크 17세기)

일본 건축은 지붕의 건축

커다란 볼륨

일본의 건축은 「지붕」의 조형을 중시한 건축이라고 할 수 있다.

일본 건축의 지붕은 외국의 어떤 건축보다도 아름답고, 존재감이 있으며, 표현력도 풍부하다. 「가는 가을 야마토국(大和国)의 야쿠시지(薬師寺) 탑 위에는 한 조각의 구름」이라는 시 속에 등장하는 야쿠시지 동탑은 겹지붕의 미를 예술적 표현으로까지 승화시킨 걸작이며, 일본인의 심상풍경의 하나가 될 정도로 풍토 속에 잘 녹아들었다.

일본에서 지붕의 조형이 발달한 이유는 무엇일까?

지붕의 역할 그 첫 번째는 두말할 것도 없이 비 막기(사막 지방에서는 햇빛 차단)에 있다. 일본열도의 대부분은 온대 몬순(monsoon)에 속하여 연간 비 내리는 횟수가 많다. 비가 많이 내리는 일본에서는 지붕의 경사를 급하게 할 필요가 있지만, 이것은 용마루의 높이가 높아짐을 의미한다. 그 때문에 지붕은 볼륨이 커지며 존재감이 풍부해졌다.

아름다운 곡선

그뿐만 아니라 지붕의 급경사는 지붕의 곡선에도 관계된다. 건물의 외벽에서 지붕의 선단까지를 처마라고 하는데, 일본의 건축은 이 처마가 깊은 것이 특징이다. 비가 들이치는 것을 막고 강한 햇빛을 차단하기 위해서다.

사원 건축의 처마 밑에서 볼 수 있는 복잡한 구조(공포/栱包라고 한다)는 처마를 지탱하는 횡목(橫木)을 외벽에서 외측으로 끌어내어 처마를 깊게 하기 위한 장치다. 이 깊은 처마로 인해 일본 건축의 처마 밑에는 수평의 강한 그늘 부분이 생기고, 그것이 지붕의 볼륨을 한층 더 두드러지게 만든다.

하지만 급경사를 유지하며 처마의 깊이를 키우면 그 선단이 아래쪽으로 뻗어 건물의 외벽에 들씌워지게 된다. 따라서 상부부터 중부에 걸쳐서는 급경사를 확보하면서도, 처마 부분에서는 완만한 경사를 가져야 한다. 이 경사의 변화를 부드럽게 연속시키는 것이 일본 건축의 지붕 곡선이다.

풍부한 볼륨을 유지하면서도 답답하지 않고 우아한 곡선을 실현한 것은 변화무쌍한 사계절과 차분한 자연환경 속에서 길러진 일본인 특유의 예민하고 섬세한 미의식이다.

겹지붕이 아름다운
야쿠시지(藥師寺, 나라 8세기)의 삼중탑

주위의 자연과 잘 조화된
기요미즈데라(清水寺, 교토 17세기) 본당의 지붕

두 가지 양식
그리스 건축과 고딕 건축

　이하는 「기둥」과 「벽」의 두 가지 조형 논리에 입각하여 양식의 두 가지 계통의 기본적 성격을 밝히고자 한다.

　앞서 설명한 양식의 흐름에서 판단할 수 있듯이 고전계의 조형 원리는 그 원천인 그리스 건축에, 또한 중세계의 조형 원리는 그 최고의 도달점인 고딕 건축에 가장 순수하게 나타나 있다고 볼 수 있다. 실제로 그리스 건축은 「기둥」의 논리에서 보편성이 있는 미를 도출하고, 고딕 건축은 「벽」의 논리를 극한까지 추구하여 독자적인 공간을 창조했다. 따라서 여기서는 그리스 건축과 고딕 건축을 대비하며 이론을 전개하려 한다.

기둥과 그 열이 자아내는 그리스 건축의 강렬한 입체적 외관 : 아테네의 파르테논 신전

중력의 감각을 상실한 고딕 건축의 막 같은 벽 : 란스 대성당

그리스 건축의 미는 한마디로, 기둥과 그 열이 자아내는 강렬한 입체적 외관에 있다.

기둥과 그 위에 누운 수평의 대들보는 명료한 윤곽과 충실한 양괴(mass)로 각각의 역학적 역할을 간결하게 표현한다. 대들보의 늠름한 골조는 지붕과 대들보 자체의 무게를 견디며 전 중량을 기둥에 가한다. 기둥은 팽팽한 동체 속에 중력에 저항하는 힘을 채우고 직립 자세로 대들보의 중력을 조용히 받아들인다.

직립한 기둥의 모습에서 그러한 힘을 느끼는 것은, 우리 자신이 두 다리로 대지에 선 생물이기 때문이다. 직립한다는 것은 중력에 저항하고 온몸의 근육을 사용하여 자신의 육체를 들어 올려 균형을 잡는 일이다. 중력은 감각으로서 우리의 체내에 확실하게 존재한다. 그리스인은 육체의 감각을 통해 직립하여 자립하는 자기 자신의 모습을 기둥에 투영했다.

그런데 건축을 지탱하는 역학적 장치는 기둥과 대들보만으로 완결되는 것이 아니다. 그것은 처마(건물 외연부보다도 외측으로 튀어나온 지붕 부분), 그리고 처마를 지탱하는 대들보, 대들보를 지탱하는 기둥, 기둥을 지탱하는 마루, 마루를 지탱하는 대지처럼, 지탱하고 지탱 받는 일련의 관계로 존재한다. 기둥을 주역으로 하는 마루부터 처마까지의 이러한 한 세트를 오더라고 한다.

그리스 건축은 이 오더를 건물의 외주(外周)에 배치함에 따라 구성된다. 따라서 오더 각부(各部)의 형상과 치수는 건축 전체의 조형을 좌우하는 지극히 중요한 요소가 된다. 거기서 형상과 치수의 기반이 되는, 더구나 외관에 격조를 부여하는 일정 규범이 자연히 요구된다. 이렇듯 그리스인은 고도의 예술적 세련에 의해 성격이 다른 3종의 오더를 창조했다.

오더의 배치를 결정한다는 것은, 늘어선 원주의 수와 간격을 건물의 폭 및 높이와의 관계로 결정하는 것이다. 오더는 종류에 따라 고유의 비율을 지니기 때문에, 이것은 필연적으로 부분과 전체의 수적 비례 문제로 이어질 것이다. 그리스인은 조화와 균형이라는 관점에서 이 비례를 추구하여, 건축에 미(美)로서의 통일을 부여했다.

이렇듯 그리스 건축이 중력의 감각으로 가득 찬 입체적 기둥의 건축이라면, 고딕 건축은 중력의 감각을 상실한 막 같은 벽의 건축이라고 할 수 있다.

벽을 막처럼 얇게 보여주는 근본은 벽면의 다양한 부분에 가선을 둘러 분할하는, 둥글고 얇고 긴 막대기 모양의 요소다. 이것을 선조(線條) 요소라고 한다. 고딕 건축에서는 마루에서 천장까지 단단한 돌 부분뿐만 아니라 창문이나 개구부를 포함한 벽면 전체가 외관상 선조 요소에 의해 짜인 격자처럼 구조되어 있다. 이 격자가 벽의 실제 두께를 감추기 때문에 벽 전체가 막처럼 얇게 보이는 것이다.

선조 요소의 격자 중에서 가장 강하게 시각에 호소하는 것은, 기둥을 따라 바닥부터 천장까지 솟아오른 몇 개의 선조 요소 다발이다. 이 다발은 힘이 집중되는 것으로 보이는 부분을 따라 배치되어 있지만 실제로 힘을 지탱하지는

중력의 감각으로 가득 찬 그리스 건축의 입체적 기둥 : 파르테논 신전

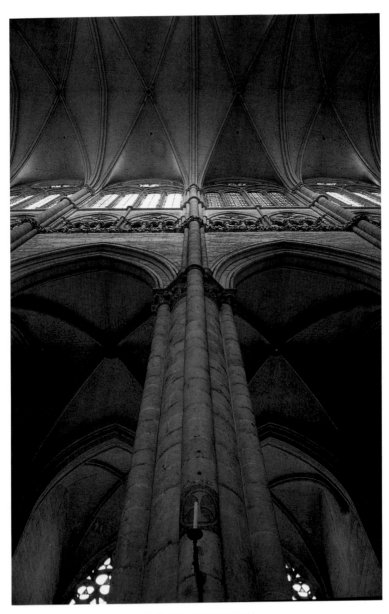

아미안 대성당(프랑스 1220년~) 신랑(身廊)의 샤프트를 올려다본 모습

않는다. 힘을 지탱하는 것은 뒤에 숨겨진 석조 부분이며, 선조 요소 다발은 그 표면에서 힘이 흐르는 절차를 도식적으로 보여주는 것에 지나지 않는다. 하지만 우리에게는 이들 선조 요소가 건물을 지탱하는 것처럼 보이기 때문에 우리는 거기서 선조 요소의 섬세함에 걸맞은 가벼움(무중량)을 느끼게 된다.

고딕의 벽은 이렇게 하여 중력의 감각을 없앤다. 고딕 건축의 특질은 막 같은 벽이 자아내는 비물질적이고 초자연적인 내부 공간에 있다고 해도 무방하다. 고딕 건축 부재(部材)의 치수와 배치는 이러한 공간을 만들어내기 위해 자유롭게 결정되며, 그리스 건축처럼 조형의 근거가 되는 미적 규범은 존재하지 않는다.

그리스적 성격과 고딕적 성격

여기서 그리스 건축과 고딕 건축의 성격을 대비적으로 정리해두자.

그리스 건축의 입체적인 「기둥」이 만드는 것은 윤곽이 정해진 간결하고 명확한 외관이며, 고딕 건축의 막 같은 「벽」이 자아내는 것은 경계가 명확하지 않은 심원(深遠)한 공간이다.

그리스인이 대지에 선 기둥 속에서 인간의 숭고함을 본 것에 비해, 고딕 사람들은 막이 만든 천상적 공간에서 신의 위대함을 보았다.

한편, 그리스 건축에서 「기둥」의 입체적인 모습은 오더에 의해 규정되고, 고딕에서 「벽」의 막 같은 특질은 선조 요소에 의해 규정된다. 오더와 선조 요소는 각각의 건축 조형에서 기본이 되는 원리이자 원천이라 볼 수 있을 것이다.

오더는 중력을 현실의 것으로 삼아 긍정적으로 받아들이며 그 존재를 구상적으로 표현한다. 이에 반해 선조 요소는 중력을 부정하고 그것을 대신하는 가상의 힘을 추상적으로 표현한다. 오더는 돌의 물질성을 긍정하고, 선조 요소는 돌의 물질성을 부정한다고도 말할 수 있겠다.

이념으로서 비교한다면, 그리스 건축은 오더에 의해 이지적이고 조화로운 미의 창조를 추구하고, 고딕 건축은 선조 요소에 의해 신비롭고 초월적인 공간의 창조를 추구했다. 또한 이들 이념은 그리스 건축에서는 지중해적 명랑함으로, 고딕 건축에서는 기독교적 엄숙함으로 표현된다.

이상을 오른쪽의 표로 정리해 보았다.

샤르트르 대성당 서(西)정면 문의 부조(浮彫) : 고딕 예술의 신적(神的) 표현

두 가지 양식의 대비

	그리스 건축	고딕 건축
조형의 원리	「지탱하기」	「에워싸기」
기능의 표명	「기둥」	「벽」
표현의 특질	기둥의 열이 자아내는 명료한 윤곽의 힘 있는 입체적 외관	막 같은 벽이 자아내는 경계가 명확하지 않고 심원한 공간
조형의 의미	대지에 선 조각적인 기둥 속에서 인간의 숭고함을 본다	막 같은 벽이 자아내는 천상적 공간에서 신의 위대함을 본다
조형을 규정하는 것	기둥의 열에 의한 입체적 외관을 규정하는 것은 오더다	막 같은 벽의 조형을 규정하는 것은 선조 요소다
중력에 대한 태도	오더는 중력을 현실의 것으로 받아들이고 그것을 구상적으로 표현한다	선조 요소는 중력을 부정하고 그것을 대신할 가상의 힘을 추상적으로 제시한다
조형의 이념	오더에 의한 이지적이고 조화로운 미의 창조를 추구한다	선조 요소에 의한 신비하고 초월적인 공간 창조를 추구한다

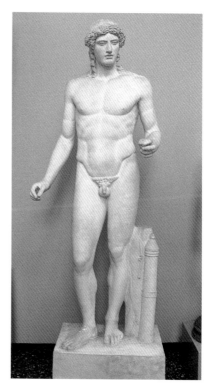

카셀의 아폴론 신상(神像) :
그리스 예술의 인간적 표현

두 곳의 풍토

그리스 건축과 고딕 건축의 기본적 성질은 이와 같이 지극히 대조적이지만 그 차이가 어떻게, 그리고 왜 발생했는지를 완전히 설명하는 것은 필자에게 불가능하다. 다만, 건축을 낳은 토지의 풍토가 건축 표현 방식에 큰 영향을 미쳤음은 확실하다. 따라서 여기서는 그리스 건축을 낳은 지중해, 그리고 고딕 건축을 낳은 알프스 이북의 유럽, 이 두 곳의 풍토 차이를 설명함으로써 이 문제를 고찰할 실마리로 삼고자 한다.

풍토란, 그 토지의 기후, 수질, 지질, 지리, 지형, 식생, 경관 등의 총제적인 것을 말한다. 하지만 인간과 동떨어진, 단순히 물리적인 현상으로서의 풍토라는 것은 존재하지 않으며, 또한 풍토에서 독립된 보편적 모습의 인간상이라는 것도 존재하지 않는다. 와쓰지 데쓰로(和辻哲朗, 『풍토』를 저술한 일본의 철학가이자 윤리학자)에 의하면, 인간은 자연과의 관계에서 존재하며 자연에서 자기 자신을 본다고 한다. 그렇다면 인간 행위의 결과인 건축 또한 풍토와의 관계에서 고유의 양상을 지닌다는 뜻이 될 것이다.

그리스는 지중해성 기후구에 속한다. 아테네의 연평균 기온 18.5도는 도쿄

기후의 대비(월별 일조시간과 강수량)

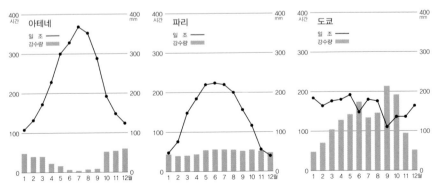

(14.4도)보다 4.1도 높고, 반대로 연간 강수량 371㎜는 도쿄(1522㎜)의 4분의 1 이하밖에 되지 않는다. 또한 아테네의 연간 일조 시간 2763시간은 도쿄(1957시간)보다도 800시간이나 많다. 이것은 일 년 중 237일의 일출부터 일몰까지가 구름한 점 없이 쾌청한 셈이다. 기상적으로는 구름의 양 2할에서 8할이 「맑음」이니 아테네의 연간 맑은 날 수는 현실적으로 300일을 밑돌지는 않을 것이다.

이처럼 그리스는 온화하며, 태양빛의 큰 축복을 받고 있다. 더구나 습도가 낮으니 일 년 내내 살기 좋다. 대지는 건조하고 지질은 메말라 있지만, 가을부터 겨울에 걸친 강우에 의해 올리브나 포도, 겨울밀 등의 작물과 목초가 자란다. 커다란 밀림은 조성되기 어렵지만, 또 한편으로는 잡초가 번성하지 않고 해충도 발생하기 어렵기 때문에 작물과 목초의 관리가 쉽다. 목초는 잡초와 달리 융단처럼 부드러워 인간의 피부에 기분 좋은 감촉을 준다.

그리스에서 자연은 인간의 존재를 위협하는 위험한 것이 아니라, 은혜를 베풀어주는 온화하고 순종적인 존재다. 자연과 인간은 대적하는 일 없이 조화로운 관계를 유지한다. 자연에 시달릴 일 없이 자연을 부릴 수 있는 세계에서는 초월적인 신의 힘을 필요로 하지 않으며, 인간은 스스로의 힘에 자부심을 갖고 자연과 대치할 수 있을 것이다. 그리스 건축에서 볼 수 있는 인간적 표현의

두 가지 세계의 대비

	지중해 세계	알프스 북측의 세계
풍토	온화하고 태양빛의 축복을 받았으며 습도가 낮다. 자연과 인간은 적대하는 일 없이 조화로운 관계를 유지한다. 햇빛 아래 모든 것이 노골적으로 드러난다.	냉랭하며 태양빛의 축복을 받지 못하여 비교적 습도가 높다. 겨울의 기후는 음울하다. 깊은 숲은 인간에게 신비하고 두려운 공간이다.
사물의 외관	공기가 건조하기 때문에 멀리서도 물체가 확실하게 보인다. 햇빛은 빛나는 부분과 그늘 부분의 강력한 대비를 발생시켜 입체성을 두드러지게 만든다.	숲의 습기는 시야를 나쁘게 한다. 겨울의 어슴푸레함 속에서는 물체의 윤곽이 분명하지 않고, 입체성은 애매하다.
건축의 성격	그리스 건축 조형의 간결함과 입체적인 아름다움은 햇빛 아래 화창한 시야로 보는 일의 기쁨에서 탄생했다.	고딕 건축은 음울한 기후에서 유래한 추상성과 내면성, 숲에서 유래한 무한의 깊이를 동반한 신비성과, 기독교의 초월성에서 탄생했다.

풍토적 원천은 이것에 있다고 생각된다.

햇빛은 물체의 표면에 빛나는 부분과 그늘 부분의 강력한 대비를 발생시키고, 그것에 의해 입체성이 두드러지게 만든다. 이때 간명한 모양일수록 입체성은 현저하게 나타날 것이다. 게다가 그리스에서는 공기가 건조하기 때문에 멀리서도 물체의 형태가 뚜렷하게 보인다. 그리스 건축 조형의 간결함과 입체적인 아름다움은 햇빛 아래 투철한 시야에서 보는 기쁨으로부터 탄생한 것이다.

그리스처럼 자연이 폭위를 떨치지 않는 곳에서, 자연은 질서정연하고 조화로운 모습으로 스스로를 나타낸다고들 말한다. 그리고 햇빛 아래서는 모든 것이 노골적으로 드러나므로 세계를 구성하는 원리는 숨길 것 없이 자연 속에 나타나 있다고 볼 수 있다.

태양빛의 축복을 받은 지중해적 풍경 : 에게해(海)에 면한 시데(남터키)의 아폴론 신전(A.D.2세기)

중력을 긍정적으로 표현하고 조화에 의해 미의 통일을 꾀하는 그리스 건축은 자연을 긍정적으로 받아들이고 그 속에서 조화의 원리를 보려는 이지적인 태도와 관계되어 있다.

　그리스의 명랑함에 비하면 알프스 이북의 풍토는 음울하다. 그것은 어둡고 긴 겨울 때문이다. 파리에서는 10월 중반을 지났을 무렵부터 납빛 눈이 묵직하게 떨어져 맑은 날이 적다. 10월의 평균기온 10.8도는 도쿄(16.5도)에 비해 6도 가까이 낮기 때문에 분위기는 이미 겨울이나 다름없다. 11월에는 비가 눈으로 변하고, 12월이 되면 태양을 볼 기회가 극단적으로 적어진다.

　참고로 파리의 12월 평균 일조시간은 40시간으로, 이것은 도쿄(165시간)의 4분의 1에 지나지 않으며, 동해 쪽의 니가타(58시간)와 비교해도 18시간이나 적다. 겨울의 적은 일조는 위도가 높다는 점(사할린의 중간쯤에 해당)에도 원인이 있다. 겨울의 하루는 짧고, 아침에는 9시경에 겨우 밝아지며, 저녁 4시경에는 어두워진다. 그리고 태양의 고도가 낮기 때문에 가끔씩 햇살이 비쳐도 그 빛은 약하다.

　겨울 유럽의 어슴푸레함 속에서는 물체의 윤곽이 분명하지 못하고, 물체 각각이 가진 고유의 성격은 명료하게 나타나지 않는다. 물체는 입체성이 애매해지고, 색채는 둔탁해지며, 현실성이 사상(捨象)된 모습──즉, 보다 추상화된 모습으로밖에 자기 자신을 나타내지 않는다. 이러한 시야에서는 의식이 바깥으로 향하지 않고 내면에 침전된다.

　이와 같은 기후에 더하여 사람들의 정신에 영향을 끼친 것은 숲이나. 오늘날에는 널따란 경작지나 목초지가 끝없이 펼쳐져 있지만, 게르만인이 찾아왔을 무렵의 유럽은 너도밤나무나 졸참나무나 떡갈나무가 울창한 원생림에 뒤덮여 있었다. 중세에는 개간이 진행되었지만 그럼에도 불구하고 대지의 대부분은 숲이었고, 도시나 마을이나 경작지는 원생림의 대양에 뜬 섬 같은 존재였다.

　중세인들에게 숲은 짐승이나 도적, 요정이나 정체 모를 마물이 잠든, 한 번 말려들면 두 번 다시 살아 돌아올 수 없는 공포의 공간이었다. 숲은 습기를 축적했기 때문에 안개를 발생시켰고, 시야를 한층 더 나쁘게 했다. 숲의 특질은 전체를 포착할 수 없고 가늠할 수도 없는 깊이에 있다고 볼 수 있을 것이다. 중세인들에게 숲은 신비와 공포의 원천이었다. 고딕의 공간은 음울한 기후에서 유래한 추상성과, 숲에서 유래한 무한의 깊이를 동반한 신비성, 그리고 그것들에 공명한 기독교의 초월성에서 탄생한 것이다.

알프스 북측의 음울한 11월 풍경 : 파리의 노트르 담 대성당(1163년~)

구조의 방식과 조형의 논리

여기서 이야기를 다시 건축의 역사로 돌릴까 한다.

유럽의 건축은 돌과 벽돌 등 블록 형태의 재료를 이용하여 만들어졌기 때문에 구조의 방식으로 말하자면 기둥을 세우고 대들보를 건 방식(가구식/架構式이라고 한다)보다도 벽을 쌓아올린 방식(조적식/組積式 또는 조적조/組積造라고 한다) 쪽이 안정감 있고 만들기 쉽다.

그리스 건축이 가구식 표현을 취한 것은, 본래 목조(가구식에 적합하다)였던 것을 석조로 변환했기 때문이다. 그리고 이때에 가구식 표현을 버리지 않았던 것은, 기둥의 모습이 환기하는 숭고한 감각 때문이 아니었을까 짐작된다.

애초에 그리스 건축에서도 기둥만으로 이루어진 건축은 드물었고, 신상(神像)의 안치나 인간 생활을 위해 실내를 만들 필요가 있으면 벽으로 에워싸고 외주나 정면 등 외관을 결정하는 조형상 중요한 부분에 기둥을 배치했다. 즉, 그리스 건축에서 기둥은 기능의 필요성이 아니라, 오히려 미적·조형적인 이유에서 채용되었다.

기둥만으로 폐쇄된 내부 공간을 만드는 일은 사실상 불가능하기에 로마 건축 이후 내부 공간이 발달하고 에워싸기의 중요성이 늘어나자 조적식에 걸맞은 조형 표현이 요구되었다. 그리스 건축의 표현은 예외적인 것으로, 유럽 건축은 고전 건축과 중세 건축을 구별하지 않았으며 구조 방식으로서는 조적식, 즉 벽의 건축이다.

하지만 오더는 지극히 완성도 높은 미의 규범이었기 때문에 이것을 버리고 벽의 건축에 걸맞은 새 조형 원리를 탄생시키는 것은 쉬운 일이 아니었다. 그래서 로마인은 손쉬운 방법으로서 벽에 오더를 붙였다. 로마인다운 실용적 발상이었지만 이 방법은 지극히 유효했다. 이후 고전계 건축은 구조 방식은 벽의 건축이면서, 그 조형에 있어서는 오더의 원리를 따르게 되었다.

한편 중세 건축은 오더에서 멀어짐으로써 독자적 조형 원리(선조 요소)를 획득했다. 고전 건축이 벽의 전면(前面)에 기둥을 배치하거나 벽의 표면에 기둥을 붙여서 조형하는 것에 비해, 중세 건축은 벽에 구멍을 뚫어 기둥을 형성하는 데서 시작되었다.

그리고 벽의 일부를 움푹 파서 쌓아올림으로써 벽의 조형을 발전시켰다. 고딕 건축에서는 벽이 막처럼 얇아지지만 이것은 벽을 역학적인 역할에서 해방하고, 역학적 역할을 담당하는 부분을 골조화(骨組化)함으로써 가능해졌다.

따라서 다음과 같이 말할 수도 있다. 고전 건축(로마 이후)은 역학적으로는 벽의 건축이지만, 조형적으로는 기둥의 논리에 따른다. 이에 반해 고딕 건축은 역학적으로는 뼈대(기둥)의 건축이지만, 조형적으로는 벽의 논리에 따른다고 말이다.

이상의 더 자세한 내용은 제2장과 제3장에서 논하고자 한다.

제2장

고전계 건축의 흐름

❶ 그리스 건축

조화와 비례

고대 그리스·로마의 고전 건축 및 르네상스 이후의 고전계 건축에 통용되는 가장 기본적인 미의 개념은 「조화」다.

그리스의 하늘은 실로 푸르고 깊다.

그리스에서는 공기가 건조하기 때문에 시야가 탁 트여 지형은 또렷한 윤곽을 나타낸다. 수목이 적고, 지형은 하얀 석회암질의 단단한 표면을 곳곳에 노출시켜 새파란 하늘과 훌륭한 대비를 보여준다. 강한 햇살은 바위 표면에 선명한 명암 대비를 탄생시키고, 그에 따라 지형은 스스로의 양괴(量塊)를 투명한 공간 속에 두드러지게 만든다.

여기서 눈에 보이는 풍경은 사계절의 변화에 따라 달라지는 심상적·인상적 이미지 따위가 아니라 의심할 것 없이 확고하게 그곳에 존재하는 객관적 실재다. 그리스적인 조화는 공간과 지물의 명료한 「대비」에서 보여주는 것처럼, 형상적·객관적인 실재로서 파악할 수 있다.

그러한 그리스적 조화의 구체적인 발로가 「비례」다. 비례란, 부분과 부분, 부분과 전체의 대비를 나타내는 수적 개념이다. 그리고 그리스적인 조화란, 그러한 이지적·합리적인 개념에 의해 파악되어 표현된 균형과 안정을 말한다.

고대 그리스의 철학자 피타고라스는 궁극의 실재를 수(數) 속에서 구하고, 만물은 수의 관계에 따라 질서 있는 코스모스를 만든다고 생각했다. 그에 따르면, 세계는 비례에 의해 성립된 조화로운 존재인데, 이러한 사상 속에 수적

강한 햇살은 바위 표면에 선명한 명암 대비를 탄생시키고, 그에 따라 지형은 스스로의
양괴를 투명한 공간 속에 두드러지게 만든다 : 아테네의 아크로폴리스

질서가 갖는 명확성을 좋아하는 그리스인의 성격이 단적으로 나타나 있다.

  시각 예술로 대상을 압축한다면 건축은 기하학에 입각한 예술이기 때문에
비례는 여기에서 가장 유효한 창작 원리가 될 수 있었다.

아크로폴리스의 프로필라이아(신전 입구)

프로필라이아에서 파르테논 신전을
바라본 모습

신전

그리스인이 심혈을 기울인 건축은 신전이다.

평야에 치솟은 바위산 정상이나, 후미(해안이나 호수의 일부가 육지 쪽으로 파고들어
간 형태의 지형-역주)에서 튀어나온 곳의 선단, 골짜기를 내려다보는 바위 턱 위
등, 그곳에 신들이 산다고 여겨지는 그 자체의 영적 지형 속에서 특별한 한 점
을 주의 깊게 선택하여 신전을 지었다.

신전은 공간에서 떨어진 하나의 독립된 조형물로서 토지 자체를 칭송하는
것과도 같다.

신전은 바깥에서 바라보는 건축이다. 내부에 신상을 안치했지만 인간이 예
배하기 위한 공간은 아니다. 제단은 외부(통상적으로는 동쪽 정면 바로 앞)에 놓이
고, 제의는 신전에 대면하여 이루어진다.

신전은 세 곳을 벽으로 에워싸고 나머지 한 쪽을 입구로 한 장방형의 홀을
원형으로 한다. 처음에는 입구의 양 돌출 벽 사이에 두 개의 원주가 세워졌을
뿐이었지만(이 원초적인 신전 형식을 인 안티스라고 부른다), 이윽고 홀의 주위를 원주

아크로폴리스와 파르테논 신전

로 감싸는 형식(이 형식을 펠리프테로스라고 한다)이 등장하여 이것이 신전의 전형이 되었다.

주벽(周壁)의 주위를 열주(列柱)로 감싸는 의미는 무엇일까? 신상을 비바람과 햇빛으로부터 보호한다는 기능은 주벽으로 에워쌈으로써 이미 충분히 충족되었다. 게다가 열주 부분을 주랑(柱廊)으로 삼아 사용하는 특별한 제의 습관이 있었다거나 하는 사실도 알려진 바가 없는 점으로 보건대, 순수하게 시각적인 의도 이외에는 생각할 수가 없다.

열주는 신의 집에 걸맞게 격조 높은 외관을 부여하기 위한 예술적 수단으로서 선택되었다고 짐작된다. 이후, 그리스인은 500년이라는 오랜 시간에 걸쳐 이 단순하고 명쾌한 신전 형식을 고수하고 완벽한 조화의 미를 창조하고자 오로지 그 세련에 힘썼다.

그리스 건축의 본질은, 그야말로 이 열주에 존재한다고 해도 좋을 것이다.

아이기나의 아파이아 신전

그리스 신전의 구조와 각부의 명칭

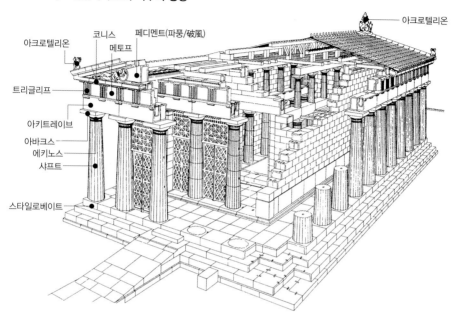

아크로텔리온
코니스
메토프
페디멘트(파풍/破風)
아크로텔리온
아크로텔리온
트리글리프
아키트레이브
아바크스
에키노스
샤프트
스타일로베이트

그리스 건축의 세 가지 오더

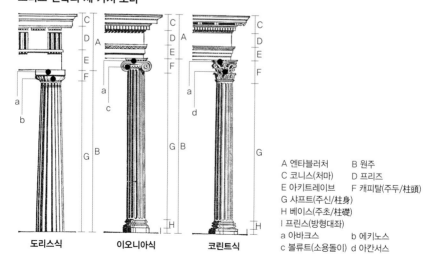

도리스식
이오니아식
코린트식

A 엔타블러처   B 원주
C 코니스(처마)   D 프리즈
E 아키트레이브   F 캐피탈(주두/柱頭)
G 샤프트(주신/柱身)
H 베이스(주초/柱礎)
I 프린스(방형대좌)
a 아바크스   b 에키노스
c 볼류트(소용돌이) d 아칸서스

세 가지 오더, 다섯 가지 오더

기둥을 주역으로 하는, 바닥부터 처마까지에 이르는 일련의 요소를 「오더」라고 부른다는 것은 전장에서 설명했다. 오더는 고전 건축 · 고전계 건축의 조형을 근본적으로 규정할 정도로 중요한 요소이며, 중세계의 건축과 구별되는 가장 특징적인 요소이기도 하다.

그리스 건축에서는 도리스식, 이오니아식, 코린트식의 세 가지 오더가 알려져 있다. 이 중 그리스 본토에서 발명된 것은 도리스식 단 한 종류로, 기원전 7세기경의 일로 알려져 있다. 이오니아식은 이보다 반세기 정도 늦게 소아시아에서 발명되어 기원전 5세기경에 본토로 넘어왔다. 코린트식은 기원전 430년경에 주두만을 변환하는 형태로 이오니아식에서 파생되었는데, 그리스에서는 거의 받아들여지지 않고 로마 건축에서 왕성하게 이용되었다.

로마인은 이 세 가지 오더에 토스카나식과 컴포지트식을 더하여 다섯 가지 오더로 만들었다. 로마에서 확립된 다섯 가지 오더는 르네상스 이후의 고전계 건축에서도 기본이 되었다. 토스카나식과 컴포지트식에 대해서는 나중에 설명하도록 하고 여기서는 그리스 건축의 오더에 대하여 설명한다.

오더의 구성

오더는 원주(칼럼)와 원주가 받치는 엔타블러처라는 이름의 수평대로 이루어진다. 각 오더의 차이는 원주와 엔타블러처의 각기 다른 구성 요소에 있지만, 그중에서 가장 특징적인 것은 원주의 꼭대기 부분을 이루는 주두(캐피탈)다.

도리스식의 주두는 지극히 심플하고 얕은 사발 모양의 에키노스와, 그 위에 얹은 아바크스라는 정방형의 정판(頂板)이다.

이오니아식의 주두는 이것보다도 장식적이고, 좌우에 펼쳐진 소용돌이(볼류

파르테논 신전 남측 열주

트)가 특징이다. 에키노스는 좌우의 소용돌이 사이에 감싸 안기듯 흡수되어 난족(卵簇) 무늬라고 불리는 장식으로 꾸며졌다. 아바크스도 문양으로 꾸며졌지만 눈에 띄지 않을 정도로 축소되었다.

코린트식의 주두는 지중해 연안 지방에 자생하는 아칸서스라는 다년초의 잎을 모티프로 한 바구니 모양으로, 이오니아식보다 한층 더 장식성이 강하다. 이오니아식의 소용돌이가 축소되고 에키노스 부분이 아칸서스로 성장한 형태라고도 볼 수 있다.

이오니아식 오더와 코린트식 오더의 차이는 기본적으로 주두뿐이므로, 이제 도리스식과 이오니아식을 비교하겠다.

원주는 건물 전체가 실리는 기단의 바닥면(스타일로베이트)에서 일어선다. 도리스식의 원주는 주초(베이스)를 갖지 않아 주신(샤프트)이 스타일로베이트의 위에 직접 실리지만, 이오니아식에서는 주신과 스타일로베이트 사이에 주초가

삽입된다. 양쪽 모두 주신은 엔타시스라고 불리는 작은 볼륨을 가지며 상부로
갈수록 가늘어진다.

이오니아식의 주신은 도리스식보다 가늘고, 엔타시스도 미미하거나 거의 식
별할 수 없다. 주신의 표면은, 바닥에 둥근 홈(플루트)이 가공되어 있다. 도리스
식에서는 통상 20개의 얕은 홈이 있고, 홈과 홈은 능선을 형성하며 인접한다.
이에 반해 이오니아식에서는 통상 24개의 홈이 있고, 홈과 홈의 사이에는 평
평한 테두리를 남긴다.

엔타블라처는 3층부터다. 아래에서 대들보의 역할을 하는 아키트레이브, 장

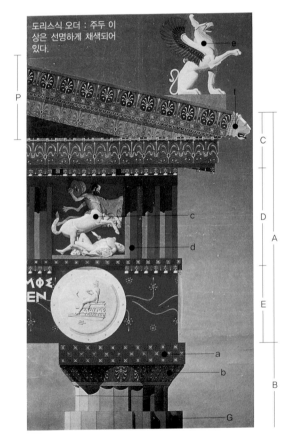

A 엔타블라처 B 원주
C 코니스 D 프리즈
E 아키트레이브
G 샤프트(주신) P 페디멘트
a 아바크스 b 에키노스
c 메토프 d 트리글리프
e 아크로텔리온 f 가고일

식대로서의 프리즈, 그리고 지붕의 처마에 해당하는 코니스가 그것이다. 도리스식의 아키트레이브는 평활(平滑)하지만, 이오니아식의 아키트레이브는 상하 3층으로 분할된다. 도리스식의 프리즈는 세로 홈이 파인 트리글리프라는 부분과, 부조(浮彫)로 가공된 메토프라는 부분이 교대로 늘어선다. 이오니아식에는 트리글리프가 없고 부조층이 수평으로 연속된다.

파르테논 신전에서 본 엘렉테이온
(B.C.421년~)

엘렉테이온의 이오니아식 열주

제우스 올림포스 신전(아테네 B.C.174년~)의 코린트식 원주 : 그리스 본토 최대의 신전

오더의 성격

지금까지 제법 상세하게 각 오더의 세부를 알아봤는데, 이에 따라 각 오더의 성격 차이가 분명해졌을 것이다. 도리스식 오더는 묵직하고 중후하며 간소하고 엄격하다. 이에 비해 이오니아식과 코린트식 오더는 가늘고 경쾌하며 우아한 분위기를 갖는다. 주두의 장식성이 강한 만큼 이오니아식보다 코린트식이 더 화려하다고 할 수 있겠다.

로마 시대의 비트루비우스라는 건축가(96쪽 참조)는 도리스식의 힘과 아름다움을 꾸밈없는 성인 남성에, 이오니아식의 가녀림과 장식을 잘 차려 입은 우아한 부인에, 코린트식을 섬세한 소녀에 비유하였다. 필자에게는 코린트식 주두의 화려한 외관이 가련한 아가씨의 모습과 포개지지 않는데, 실제로 코린트식을 보다 화려한 여성에 비유하는 해석도 훗날의 건축가에게는 받아들여진 모양이다.

어쨌든 오더는 종류에 따라 고유의 뉘앙스 차이를 가지며, 어떤 오더를 채용하는가에 따라 건물이 풍기는 분위기가 어느 정도 결정된다. 음악에 비유하자면, 오더의 차이는 악기에 따른 음역의 차이에 해당한다고 볼 수 있다.

오더와 조화

오더가 아름다운 음색을 연주하기 위해서는 오더 각부의 조화로운 치수가 중요하다. 주신의 지름과 높이, 주초의 폭과 높이, 주두의 크기, 그것들을 포함한 원주의 전체 높이, 아키트레이브와 프리즈의 높이, 트리글리프와 메토프의 폭, 코니스의 높이와 돌출 정도, 그리고 그것들을 포함한 엔타블라처의 전체 높이 등등.

또한 오더의 배열 간격도 중요하다. 원주의 일정한 열은, 이를테면 사람의 걸음 같은 반복적인 속도, 즉 템포와 비슷한 감각을 자아낸다. 빽빽한 원주 배열은 긴박함을, 느슨한 원주 배열은 느긋함을 외관에 부여한다.

조화가 달성되기 위해서는 오더 각부의 치수와 배열의 간격, 그 모든 요소가 세세한 부분까지 균형 잡히고 격조 높은 비례를 만들어 전체의 프로포션 속에 통일되지 않으면 안 된다. 세부와 세부, 세부와 부분, 부분과 부분, 그리고 부분과 전체가 비례의 연쇄에 의해 유기적으로 관련되지 않으면 안 되는 것이다.

그러한 비례적 통일을 자아내기 위해 그리스인은 모듈러스라고 불리는 기준 단위를 이용했다. 대다수의 경우, 주신 바닥 부분의 직경(때로는 반경)을 1모듈러스로 하여 건물 각 부분의 치수는 그 정수배, 또는 분수배로 정해진다.

이러한 모듈러스에서 도리스식, 이오니아식, 코린트식 각각에 고유의 수적 비례 체계가 도출된다. 참고로 도리아식 원주의 스타일로베이트에서 주두까지의 전체 높이는 4~6과 2분의 1모듈러스, 이오니아식 원주의 전체 높이는 9모듈러스, 코린트식 원주의 전체 높이는 10모듈러스의 프로포션을 표준으로 삼는다.

또한 원주 배열에도 규칙이 있는데, 가장 간격이 좁은 밀주식(密柱式)에서 기둥의 안치수는 기둥 지름의 1.5배, 즉 1과 2분의 1모듈러스, 가장 넓은 소주식(疎柱式)에서는 4모듈러스, 그것들의 중간인 집주식(集柱式)에서는 2모듈러스, 정주식(正柱式)은 2와 4분의 1모듈러스, 격주식(隔柱式)은 3모듈러스 등의 정식(定式)이 이용되었다.

이상의 설명에서 그리스 건축이라는 것은 오더라는 이름의 재목을 정식에 따라 늘어세우고 쌓아올릴 뿐인 대단히 틀에 박힌 건축으로, 그곳에는 건축가의 새로운 발상이 들어갈 여지가 거의 없다고 생각될지도 모른다. 새로운 틀을 낳을 법한 대담한 시도가 없었던 것은 사실이지만, 건축가는 틀을 굳게 지키기 위해 무조건 정식을 그대로 따른 것은 아니다.

실제로 그리스 건축의 전 역사를 통틀어 동일한 모양과 동일한 비례를 가진 작품은 절대로 존재하지 않는다. 일정 형식에 따르고, 수렴해야 할 각각의 한 점을 추구하며 무수한 시도를 행했다고 봐야 하리라. 그리스인이 추구한 것은 건축 표현의 다양성이 아니라 궁극의 전형이었다.

코린트식 주두

이오니아식 주두

아테네에 자생하는 아칸서스

이오니아식 주두의 조형 : 식물의 꽃모양을 양식화했음을 알 수 있다.

리파인먼트

그리스인은 이상적인 비례를 발견하고자 세련에 세련을 더했지만 추구는 그 것만으로 그치지 않았다. 궁극의 조화를 실현하기 위해 그들은 독자적인 방법을 이용했다.

리파인먼트(refinement, 시각적 교정)라고 불리는 방법이 바로 그것이다. 건축가는, 이를테면 스타일로베이트를 완전한 수평이 아니라 중앙 부분이 살짝 솟아오르게 만곡(彎曲)하여 외주를 따라 늘어선 열주를 안쪽으로 살짝 기울였다. 이러한 기법은 그리스 성기(盛期)의 도리스식 신전에 뚜렷하게 나타난다. 참고로 그리스 건축의 최고봉인 아테네의 파르테논 신전에서는 스타일로베이트의 정면 30.88m에 약 6㎝, 측면 69.50m에 약 11㎝의 융기를 갖는다. 원주의 내전(內轉)은 원주 전체 높이 10.43m에 약 6㎝다.

완전히 수평인 스타일로베이트는 중앙이 오목하게 보이며, 완전히 수직인 원주는 외관에 경사진 것처럼 보이므로 그러한 착각을 교정하기 위해 조정이 이루어졌다고 설명되는 경우가 많다. 이러한 설명은 틀렸다고는 할 수 없지만 조금 더 깊은 의미가 있을 것 같다.

여기 벽에 그려진 하나의 수평선이 있다고 치면, 이 선 역시 중앙이 오목하게 보일까? 수평의 스타일로베이트가 휘어져 보인다(보인다기보다 느껴진다)고 한다면, 그것은 엔타블라처와 이것을 지탱하는 그 자체의 중후한 원주가 더하는 거대한 중량의 감각, 즉 스타일로베이트를 밀어 누르려는 수직하향의 강력한 힘이 주는 감각에 의한 것이다.

스타일로베이트는 건물의 전 중량을 그 위에 얹은 기반이기 때문에 부동의 강인함을 가져야 한다는 것은 당연하지만, 그리스 건축에서는 그렇게 「보이는」 것이 중요하다. 원주열이 미치는 거대한 중량을 지탱하고도 남는 견고함, 수평이 가진 흔들림 없는 안정감을 만들어내기 위해 건축가는 기하학적인 수평을 중력에 반발하는 쪽으로 아주 살짝 일그러뜨렸다.

원주열의 내전 또한 엔타블라처의 중량을 온몸으로 지탱하는 원주의 거센 직립 자세를 강조하며 안정감을 부여하기 위한 궁리를 했다. 구석의 기둥을 조금만 두껍게 만드는 기법이나 엔타시스의 기법도 같은 의도에 따른 것이다. 여기서 안정은「조화」의 중요한 요소임을 상기하자.

그런데 스타일로베이트나 원주를 의도한 만큼 아주 살짝 변형시키고 기울인 다는 것은 각 석재의 본래 직각이나 평행이었을 부분을 아주 미량만 조절함을

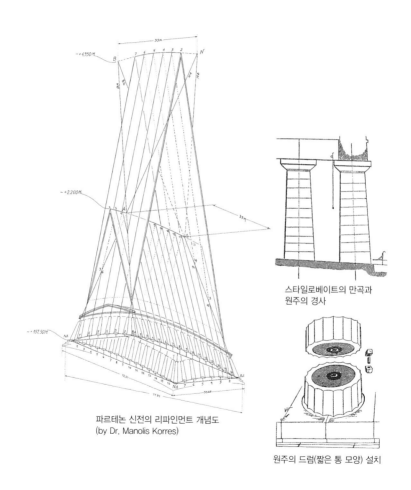

파르테논 신전의 리파인먼트 개념도
(by Dr. Manolis Korres)

스타일로베이트의 만곡과
원주의 경사

원주의 드럼(짧은 통 모양) 설치

의미한다. 석재끼리 정확히 접합시키면서 이것을 실현하려면 지극히 고도의 기술이 필요하다는 것을 짐작할 수 있으리라. 실제로 석재와 석재는 머리카락 한 올이 들어갈 정도의 정밀함으로 접합되어 있는데, 파르테논 신전의 주임 건축가 M. 코레스 박사의 이야기에 따르면 석재 가공의 오차는 0.01㎜ 정도라고 한다. 그야말로 현미경 단위의 놀라운 정밀도다.

그런데 이 정도의 정밀도로 석재가 가공된 한편, 파르테논에서는 원주의 배열 간격에 5~20㎜ 정도의 오차가 발견되었고, 몇몇 신전에서는 같은 건물의 주두 사이에 곡선의 불일치가 발견되었다. 동시대(기원전 5세기)의 조각가 폴리크레이토스는 완벽함을 실현하려면 규칙에서 약간만 벗어나야 한다는 의미의 말을 했다. 그리스인은 비례를 엄밀하게 따르는 데서 오는 기계적인 차가움과 견고함을 피하고자 그러한 오차를 의도적으로 묵인한 것이다.

그리스인이 모든 이성과 감각을 기울여 추구한 완벽한 조화는 정식을 뛰어넘은 경지에서 찾아냈다고 봐도 좋으리라.

르네상스의 건축가 프란체스코 디 조르조에 의한
원주의 프로포션 연구

인간성

그런데 앞에서 설명한 오더의 의인화는 그리스 건축의 경우, 단순한 예나 견해 이상의 조금 더 깊은 인간적 의미에 뿌리를 내린 것으로 보인다. 제1장에서도 언급했지만, 그리스인은 중력에 저항하여 스타일로베이트 위에 우뚝 솟은 원주에서 그와 마찬가지로 중력에 저항하고 두 다리로 대지에 선 인간의 모습을 보고 있었던 것은 아닐까?

그때까지 바닥을 기던 아기가 온몸의 균형을 잡으며 처음으로 일어서려는 순간을 보고 있자면 감동적이다. 아기가 중력을 극복하고 인간이 되려는 순간이기 때문이다.

등뼈를 뻗어 두 다리로 대지에 서는 일은 인간이 인간이라는 증거일 것이다. 중력은 모든 것을 대지로 되돌리려는 힘이기 때문에 이것을 극복하고 서는 일은 대지의 일방적인 힘의 행사에서 벗어나 이것과 조화를 꾀하는 일이다. 두 다리로 대지에 선 인간의 모습은, 인간이 우주와 조화를 이루는 존재라는 증명이기 때문에 숭고하다. 필자는 그리스인이 그렇게 생각했다고 믿는다.

그리스 건축의 기둥이 나타내는 것은 단순한 역학적 기능을 넘어선, 중력을 지탱하는 일의 숭고함, 직립하는 인간의 숭고함이다. 그렇다면 이 숭고함에 알맞은 중량의 크기와, 그에 걸맞은 외관이 존재할 터이다. 오더의 비례 체계, 그리고 오더가 만드는 건축 전체의 볼륨과 프로포션은 역학적 필연성에 의해서가 아니라, 그러한 고차원의 미적 가치에 의해 결정된다.

세 가지 오더는 인간의 강인한 직립 모습이자, 우아한 직립 모습이자, 화려한 직립 모습인 것이다.

그리스 건축의 시공법

운반 궁리

건축 사상 최고의 시공 정밀도를 자랑하는 그리스 신전은 어떻게 세워졌을까?

그리스 신전은 이집트의 피라미드 등과 마찬가지로, 가지런히 잘린 석재를 쌓아올려 만들어졌다. 이러한 구조를 절석조(切石造)라 한다. 이 석재들은 시멘트나 모르타르(시멘트에 모래를 섞은 것) 등의 접합재 없이 메쌓기(돌만 잘 물리어 쌓는 일)로 완성되었다. 이집트에서는 석재를 설치할 때 석재의 위치를 미세하게 조정하기 위한 윤활재로서 모르타르가 깔렸지만, 그리스 건축에서는 이러한 윤활재를 이용하지도 않았다.

건축 공사 중에서도 특히 노력이 요구되는 것은 석재의 운반이다. 원주는 짧은 원통형(드럼이라고 한다)을 쌓아올려 만들어지지만, 그 드럼 한 개의 무게가 파르테논의 경우 5~10t, 주두는 8~9t이라고 한다. 통상 가장 무거운 것은 원주와 원주 사이에 걸치는

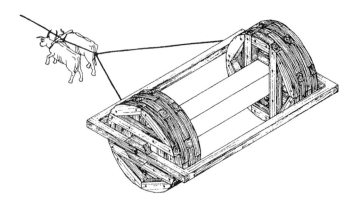

거대한 석재를 운반하는 방법

석재를 끌어올리는 방법

  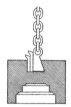

양재(梁材. 아키트레이브)로, 파르테논에서는 15t 정도다. 이들 석재를 운반하는 데 4륜(때에 따라 6륜이나 8륜)의 짐수레를 60~80마리의 소에게 끌게 했다. 또한 상황에 따라 굴림대와 썰매도 이용되었다.

에펜스(터키)의 아르테미스 신전은 그리스 최초의 거대 신전이라고 알려졌는데, 그 아키트레이브의 무게는 40t이나 된다. 이 석재를 운반하는 데는 특별한 방법을 취했다. 석재의 양 끝부분을 감싸듯 커다란 목제 드럼을 만들고 이것을 바퀴 삼아 석재를 굴리는 방법이었다. 이것을 굴리기 위해서 이 바퀴에 목제 틀을 달고 소가 끌도록 했다.

석재의 설치

운반할 석재를 되도록 가볍게 하기 위해, 석재는 채석장에서 대략 정형한 뒤 옮겼다. 이때 조면(粗面)의 일부가 돌기 형태로 남는다. 이 돌기는 석재를 끌어올리거나 소정의 위치로 이동시킬 때 로프나 지레의 발판이 되었다고 생각할 수 있다. 또한 석재의 상면이나 측면에는 U자 모양의 구멍이나 홈이 남아 있는데, 이것들도 같은 목적으로 사용되었다고 생각할 수 있다. 작은 석재를 끌어올리는 데 돌가위나 쇠집게도 이용되었다.

　석재를 들어 올리는 데는 복합활차와 감아올리는 장치가 달린 크레인이 활약했다.

　가장 주의를 요한 것은 석재의 설치였다. 이것을 원주 드럼의 경우에서 살펴보자. 각 드럼은 최종 완성면에서 4~5㎝를 표층으로 삼아 둥글게 남겨두며 밑면에서 4~5㎝의 높이까지 대강 완성된다. 나머지 부분은 이 드럼이 설치된 뒤, 맨 처음에 대강 다듬은 부분을 가이드 삼아 완성된다. 이 단계에서는 홈이 가공되지 않고 돌기도 달린 채다. 홈은 드럼을 모두 쌓은 뒤에 단숨에 가공된다. 이 홈을 정확하게 파기 위해 스타일로베이트 위에 둔 최초의 드럼만은 바닥면에서 5~10㎝의 높이까지 최종적인 홈을 가공한다. 즉, 완성된 홈은 아래에서 위를 향해 가공된 것이다.

1㎜의 100분의 1의 정밀도

　본문에서도 언급했듯이 파르테논 신전의 석재 가공 정밀도는 지극히 높다. 원주에 대해 말하자면, 드럼의 접합면은 수학적인 평면에서 20분의 1㎜ 이상의 요철을 갖지 않으며, 더구나 1㎜의 100분의 1(!)의 정밀도로 밀착되어 있다. 이러한 궁극의 밀착이 어떻게 실현되었는지를 파르테논 신전의 주임 복원 건축가 코레스 박사의 설을 근거로 설명해보자.

　우선 매끄러움을 검사하기 위한 원반을 만든다. 이 검사용의 표면에 가볍게 도료를 묻혀 원반을 드럼의 접합면에 얹는다. 그렇게 하면 돌출된 부분에 도료가 부착되기 때문에 이 부분을 특별한 연마제로 갈아낸다. 이 방법을 반복하여 행한다.

　그런데 검사용 원반의 표면도 완전한 평면은 아니기 때문에(20분의 1㎜~30분의 1㎜ 정도의 요철은 피할 수 없다) 드럼과 원반은 밀착되어도 이 드럼과 다음으로 갈린 드럼은 밀착되지 않는다. 그래서 검사용 원반을 두 장 만든다. 이 두 장은 100분의 1㎜의 정밀도로 밀착되도록 만들었다.

　이 두 장이 한 세트인 원반 중 한 쪽을 A, 다른 쪽을 B라고 하자. A를 검사용 원반 삼아 갈린 드럼의 면 a는 A와 밀착된다. 마찬가지로 B를 검사용 원반 삼아 갈린 드럼의 면 b는 B와 밀착된다. A와 B는 밀착되도록 만들어져 있기 때문에 그것들과 밀착된 a와 b는 서로 밀착하게 된다. 물론 원주상의 위치가 어긋나면 밀착되지 않기 때문에 검사용 원반에도 드럼에도 원주상의 위치가 일치되도록 표시를 해둔다.

이렇듯 완벽한 밀착에 의해 석재의 이음매는 맨눈으로는 식별할 수 없을 정도로 완전하게 「제거되어」 있다.

석재의 측면에서 볼 수 있는
U자형 홈의 의미

❷ 로마 건축

로마 건축의 과제
다양한 건축 유형

　그리스인은 오더를 통해 건축 표현의 보편성을 추구했지만, 로마인은 오더를 이용하여 건축 표현의 다양성을 추구했다.

　테베레강을 조망하는 「일곱 개의 언덕」에 기원을 둔 고대 로마는 기원전 3세기경에 이탈리아 반도를 통일, 기원전 2세기에는 지중해 전역에 패권을 떨치고, 기원후 2세기에는 아시아, 아프리카, 유럽에 걸친 대제국이 되었다.

아파메이아(시리아)에 있는 로마 시대의 극장

보스라(시리아)에 있는 로마 시대의 극장

　로마는 제국 통치의 거점으로 삼기 위해 영내 각지에 도시를 건설했다. 그리고 도로망이나 상수도 등 국가 기반의 정비를 진행하는 한편, 도시에 거주하는 압도적 다수의 대중을 통치하기 위해 식량과 오락—빵과 서커스—을 부여하는 정책을 세웠다. 건축의 면에서 보자면, 공중목욕탕, 극장, 투기장, 전차경기장 등의 공공건축 건설에 힘을 쏟았다. 물론 제국의 위신을 보여주기 위한 수많은 기념물이나 궁전, 회의장 등도 세워졌다. 신전도 세워졌지만 그리스만큼 중요하지는 않았다.

　이 다종다양한 건축물을 세우기 위한 기술과 예술이 로마 건축의 과제였다. 우선 기술면부터 살펴보자.

디오클레티아누스의 욕장(로마 16세기에 미켈란젤로에
의해 교회당에 개축되어 현재는 산타 마리아 델 안젤리
성당이 되었다)

세프티미우스 세베루스의 개선문
(로마 A.D.203년)

카라카라 욕장 복원도(로마 A.D.211년경~)

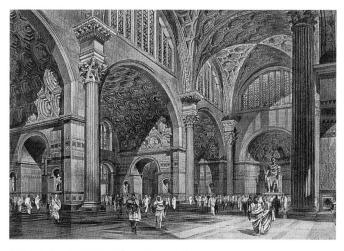

콘스탄티누스의 바실리카 복원도(로마 A.D.307년~)

석조 건축에 불리한 구조

오더란, 기둥이 수평의 대들보를 지탱하는 구조 방식을 하나의 예술적 형식으로까지 끌어올린 것이다. 그런데 본래 이 구조 방식은 모순되게도 석조 건축에는 적합하지 않다. 문제는 대들보에 있다.

기다란 판자를 양끝에서 지탱했을 뿐인 단순한 벤치를 상상해보자. 이 벤치에 사람이 앉으면 판자는 아래쪽으로 휘면서 변형된다. 무거운 사람이 앉으면 만곡이 커져 판자가 부러질지도 모른다. 부재를 휘게 하는 이러한 힘을 굽힘응력이라고 한다.

조금 더 자세히 설명하자면, 사람이 앉았을 때 판자 윗면에는 판자를 긴 쪽 방향으로 압축하는 힘이 발생하고, 아랫면에는 인장력(引張力)이 발생한다. 이러한 힘은 판자 내부에도 발생하여 판자의 표면에서 가장 크고, 내부로 갈수록 작아지며, 중심에서 제로가 된다. 이러한 힘이 발생한 결과 부재가 휘는 것이다. 대들보가 굽힘 응력에 대해 충분한 저항력을 발휘하려면 대들보의 재료가 압축력에도 인장력에도 강해야 한다는 사실은 이상의 설명에서 이해했으리라 본다.

그런데 석재는 압축에는 강하지만 인장력에는 대단히 약한 성질을 지닌다. 이 점은 석조 대들보의 경우 아랫면에 발생한 작은 인장력이 치명적인 파괴력이 된다는 것을 의미한다. 다른 부분에 여력이 있더라도 하단부가 인장력에 견디지 못한다면 그곳에 균열이 생겨(그렇게 되면 유효 단면이 작아지기 때문에 점점 조건이 나빠지고) 대들보는 단숨에 파괴된다.

이처럼 기둥—대들보 구조는 석조 건축에 대단히 불리한 방식이다. 그렇다면 그토록 불리한 방식을 그리스인이 왜 채용했느냐 하면, 그리스의 신전은 본래 목조였기 때문이다.

나무는 돌에 비해 인장력에 강하고 압축력에도 비슷하게 강하다. 이를테면 대리석은 압축 강도가 1200kg/㎠인데 비해 인장 강도는 겨우 55kg/㎠지만,

노송나무는 압축 강도 520kg/㎠에 인장 강도 570kg/㎠다. 더구나 나무의 무게는 돌의 6분의 1 정도밖에 되지 않기 때문에 자체 무게에 대한 강도는 돌에 비해 한참 높다고 할 수 있다. 이러한 사실로부터 목재는 구부림에 강하고, 따라서 기둥—대들보 구조에 적합하다는 점을 깨달았으리라. 목조 신전을 석조로 변환함에 따라 구조적인 불합리가 발생했다.

대들보의 원리

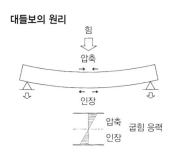

아치의 원리

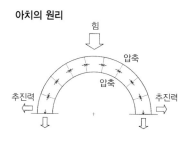

아치의 원리를 보여주는 벽체 :
페르게(남터키)의 유적

석조 건축에 유리한 구조

 돌이나 벽돌 등 블록 형태의 재료를 조합하여 쌓아올린 구조를 조적조(組積造)라고 한다. 조적조는 벽을 만들어 아치를 설치하는 방식으로 적용한다.

 작은 석재를 수평으로 이어서 바닥이나 천장을 만드는 일은 사실상 불가능하다. 하지만 석재를 상방으로 휘게 만들며 쌓음으로써 이것이 가능해진다. 돌이 낙하하려는 때에 돌끼리 서로를 밀어 낙하를 막기 때문이다. 이것이 아치의 원리다. 즉, 돌끼리 미는 힘, 말하자면 압축력에 의해 아치가 자립하는 것이다. 인장력에 약하고 압축력에 강한 석재가 아치 구조에 적합하다는 것은 이러한 이유 때문이다.

 돌이 서로를 민다는 것은, 만곡한 아치가 옆으로 퍼지며 평평해지려 한다는 사실을 의미한다. 아치가 성립되기 위해서는 이 옆으로 퍼지려는 힘(추진력이라고 한다)을 무언가로 지지해야 한다. 추진력은 지지체를 옆으로 밀어 넘어뜨리려는 위험한 힘이기 때문에 기둥처럼 가느다란 지지체로는 불충분하다. 그래서 튼튼한 벽체로 아치를 지탱하는 것이다.

 아치는 이차원적인 구조지만 이것을 입체적으로 확장한 곡면구조를 볼트라고 하고, 그중에서 특히 반구형의 것을 돔이라고 부른다. 로마인은 투기장이나 극장의 바닥, 또는 수도교를 지탱하는 불가결한 구조로서 아치나 볼트를 이용했다. 그리고 그뿐만이 아니라, 공공건축이나 궁전 등의 천장을 덮기 위해 볼트나 돔을 대대적으로 이용하여 그리스 건축에서는 볼 수 없던 독창적인 공간을 창조했다.

아스펜도스(남터키)의 극장 계단석을 지탱하는 아치

기둥―대들보의 구조 원리를 나타내는 로마 시대의 열주 도로 : 아파메이아

조적조와 콘크리트

그리스 건축은 가지런히 자른 커다란 석재를 정확히 쌓아올려 만들어졌다 (절석조라고 한다). 게다가 모르타르 등의 접합재를 이용하지 않고 메쌓기를 행했기 때문에 석재는 접합면이 딱 맞도록 엄밀하게 가공되었다. 로마인은 공공건축 사업을 수행할 때, 그러한 노력과 숙련을 요하는 방법을 버리고 적당한 형태와 크기의 석재나 벽돌을 모르타르로 접합하며 쌓아올리는 보다 실용적이고 경제적인 방법을 채용하여 발전시켰다. 이러한 방법에 의한 조적조(이하 「조적조」는 이러한 방법을 가리킨다)는 벽—아치 구조에서 큰 이점을 발휘하여 고전계와 중세계를 불문하고 로마 시대 이후 유럽 건축의 일반적인 구법(構法)이 되었다(따라서 이하 「벽—아치 구조」는 「조적조」임을 전제로 이야기를 이어간다).

로마인이 행한 또 하나의 중요한 혁신은 콘크리트의 발명이다. 로마나 나폴리 근교에는 포졸라나라는 화산성 흙이 산출된다. 이 흙에 석회와 물을 첨가한 모르타르를 타서 돌이나 벽돌 가루와 함께 섞은 것이 로마의 콘크리트다. 이 콘크리트는 물에 의해 경화되어 커다란 강도를 발현하기 때문에(기본적으로 현대의 콘크리트와 같다) 건축·토목공사에서 대단한 위력을 발휘했다.

로마인은 콘크리트를 조적조와 짝 지어 이용했다. 현대에는 목제 형틀에 콘크리트를 흘려보내어 콘크리트 경화 뒤에 형틀을 제거하지만, 로마에서는 조적조의 얇은 벽을 형틀로 만들어 여기에 콘크리트를 흘려보냈다. 콘크리트가 경화된 뒤, 조적조 부분은 영구 형틀로 남겨 구조체의 표층부를 형성했다.

이 표층 위에 외장이 설치되었는데, 그것은 로마 건축의 제2과제다.

판테온(로마 A.D.118년~)의 당내 : 직경 43.2m의 원통형 벽체 위에 같은 직경의 돔을 얹었다. 르네상스기에 브루넬
레스키에 의해 피렌체 대성당에 돔이 설치되기 전까지는 세계 최대의 돔이었다.

판테온 내부 입면

A 엔타블러처 C 코니스 D 프리즈 E 아키트레이브 P 페디멘트 Q 에디큘라(소사형/小祠型)
B1 필라스터(편개주/片蓋柱 : 벽에 붙은 평평한 기둥) B2 독립 원주
N 니치(벽감/壁龕 : 벽에 파인 움푹한 부분)

예술의 문제
오더의 새로운 전개

벽—아치 구조는 로마인의 실제적 발상에 따라 유럽 건축사의 무대에 등장하여, 이후의 양식에서 구법적 기초가 되었다. 하지만 새로운 구법의 탄생을 의미하는 것은 아니다. 미적 규범에 기초하지 않은 단순한 구조물은 건축이라고 할 수 없기 때문이다.

그럼 로마인은 벽—아치 구조를 건축으로 승격시키기 위해 어떠한 미적 규범을 적용했을까?

판테온 정면 : 원당에 그리스 신전의 정면을 설치한 외관이다.

판테온 원당 부분의 외관을 올려다본 모습 : 대리석의 외장이 벗겨져 조
적조의 표층(내부는 콘크리트)을 이룬 벽돌이 노출되어 있다.

로마인은 벽—아치 구조에 어울리는 그 자체의 미학을 탄생시키는 데는 관심이 없었다(이것을 이룬 것은 중세계의 건축이다). 그보다 그리스인이 창조한 오더의 미학이 대단히 완벽하여 그 위업이 강했기 때문에 이것을 대신할 미학을 창조하려고는 생각하지 않았다는 것이 실정이리라.

오더는, 이것을 뺀 것은 건축이라고 부를 수 없을 정도로 건축 표현 그 자체이며, 미의 원리 그 자체였다. 거기서 로마인은 벽—아치 구조의 표현에, 본래는 기둥—대들보 구조의 미학 원리인 오더를 그대로 외장으로 붙이기로 했다.

오해가 발생하지 않도록 강조하자면, 오더는 구조체를 꾸미는 단순 장식으로서 적용된 것이 아니다. 오히려 오더야말로 표현의 주역이자 형상 결정의 원리이고, 이후 구조체는 이 원리의 통솔을 받아들이게 되었다. 제1장에서 로마 이후의 고전계 건축은 구조적으로 벽의 건축이지만 미학적으로는 기둥의 건축이라고 한 것은 이러한 이유 때문이다.

여기서 오더는 벽—아치 구조라는 새로운 전개의 장을 획득하여 건축 표현의 다양성을 단숨에 확대했다.

오더 적용의 변형

이하, 건축 작품에 따른 오더 적용의 변형을 소개하고자 한다.

로마 황제 하드리아누스가 세운 판테온(로마 A.D.118~135년)은 두께 6m의 원통형 벽이 직경 43.2m의 돔을 지탱하는 장대한 원형 신전이다. 원당(圓堂)의 앞면에 코린트식 오더에 따른 그리스 신전의 정면을 설치하여 주랑현관으로 삼았다. 신전의 정면 부분만을 잘라내어 다른 형태와 짜 맞추는 이 방법은 그리스인의 발상에는 없었던 것으로, 로마 이후의 고전계 건축에서 자주 이용되는 모티프였다.

원당 부분의 외벽은 대리석의 외장이 벗겨져 조적조의 표층이 노출되어 있

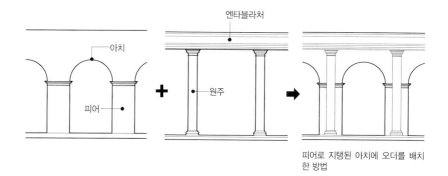

엔타블라처

아치

피어

원주

피어로 지탱된 아치에 오더를 배치한 방법

판테온의 내부 벽면에 붙은 에디큘라 : 궁형의 페디멘트를 코린스식의 원주가 지탱한다.

지만, 원당 내부는 당시의 상태를 잘 남기고 있다. 내부 공간을 덮는 돔의 정점에는 직경 9m의 창문이 뚫려 있다. 이 창문에서 쏟아지는 태양빛의 원이 시간과 함께 벽면을 이동하며, 통과하는 구름에 따라 빛을 변동시키는 모습은 천체 운행 법칙을 시각적으로 표현했나 싶을 정도로 극적이다. 하지만 여기서는 공간의 매력에는 더 이상 파고들지 않고 돔을 지탱하는 벽체의 조형으로 시점을 옮겨보겠다.

벽면은 상단부가 수평대를 따라 장식되었고, 중간보다 약간 위쪽 높이에서 또 하나의 보다 폭넓은 수평대로 분할되었다. 이러한 수평대는 총칭하여 코니스라고 불렀는데, 엄밀히 말하자면 중간쯤의 수평대는 오더를 구성하는 엔타블라처고, 그중 가장 위에 있는 돌출만이 본래의 코니스다.

즉, 벽면 하층부는 코린트식 오더를 모티프로 배치한 것이다. 엔타블라처를 지탱하는 것은 독립 원주와 부조 상태의 평평한 필라스터(편개주)다. 독립 원주는 벽을 도려내어 만든 니치라는 움푹한 대(臺)의 앞면에 두 개씩 세워졌고, 필라스터는 니치 사이에 있는 벽의 구석 부분을 장식한다.

벽 부분에는 신상(神像)을 수납한 에디큘라(소사형)가 자리하고 있다. 에디큘라라는 것은, 오더의 정식에 준하여 두 개의 원주가 삼각형 또는 궁형(弓形)의 페디멘트(파풍)를 지탱하는, 신전 정면을 소형·간략화한 모티프를 말한다.

엔타블라처 위층에는 페디멘트를 얹은 창문 모양의 니치가 배치되어 있다(18세기에 개축). 에디큘라와 함께 사각 창문 또는 창문 모양 위에 붙은 페디멘트 또한 고전계 건축의 특징적인 모티프다. 엔타블라처 위에 얹은 상단도 오더를 보충하여 벽면을 균형 있게 정돈하는 중요한 요소다.

이상과 같이 내부 벽면은 오더의 원리에 따라 절도 있는 구성을 실현하고 있지만, 특히 온 둘레를 도는 엔타블라처와 상단의 코니스는 내부 공간의 둥근 윤곽을 강하게 의식시켜 돔이 갖는 우주적 감각에 응하며 조화로운 통일감을 자아내는 데 한 몫을 톡톡히 한다.

덧붙이자면, 벽면에는 제국 각지에서 옮겨 온 다양한 색깔의 대리석이 사용되었는데, 이것은 오더가 구조적 역할에서 벗어나 장식화되었음을 뜻한다.

콜로세움

중앙의 아레나 주위에 관객석을 절구 모양으로 배치한 원형 투기장은 로마 시대의 대표적인 오락 시설이다. 콜로세움(로마 A.D.70~80년경)은 4만 5천 명의 관객을 수용하기 위해 절구 부분을 4층으로 구성하여 각 층을 아치와 터널형의 볼트로 지탱하는 구조를 갖는다. 3층까지의 각 층 외벽에는 아케이드(뒤쪽을 통로로 하며, 아치가 연속된 통로 공간을 아케이드라고 한다)를 뚫고 관객이 이동하기 위한 주보랑(周步廊)을 등 뒤에 두었다. 맨 위층만은 아케이드가 아니라 벽면에 드문드문 작은 창문을 냈다.

이러한 4층 구성의 외벽에 맨 아래층부터 도리스식, 이오니아식, 코린트식, 코린트식 순서로 오더를 4단으로 포개어 붙인 것이 콜로세움의 디자인이다(단, 이 경우에는 문자 그대로 붙인 것이 아니라 가공된 조적조의 표층 부분과 일체적으로 만들어졌다).

그런데 구조와 기능의 조건으로 형태를 제약받는 아케이드와, 비례의 정식으로 치수가 결정되는 오더, 이 양쪽을 파탄 없이 조합시키는 것은 그렇게 단순한 작업이 아니다.

이를테면 콜로세움의 경우, 아치를 지탱하는 피어(조적조의 두꺼운 각기둥으로, 벽의 일부로 간주한다)의 간격은 외벽의 주위를 80등분하여 정해진다. 80이라는 숫자는 4와 10의 배수며, 설계상 취급하기 쉽도록 나누기 좋은 정수이기 때문에 이 숫자를 변경할 여지는 거의 없다고 생각하면, 피어의 간격 변경은 외벽 원둘레, 즉 건물 규모의 변경으로 이어진다.

한편 아케이드의 높이는 관객석의 경사 등과 관련되어 실제 설계에서는 수없이 조절되었을 것이라 생각된다. 외벽에는 오더가 배치되어 있기 때문에 아케이드 높이의 조절은 엔타블라처의 높이, 즉 이것을 지탱하는 기둥의 높이 변경을 의미하며, 이것은 비례의 법칙에 따라 정해지는 오더 각부의 수정을 의미한다.

이 중에 기둥 간격의 수정은 피어 간격의 수정을 필연적으로 동반하며 전체 규모를 수정하게 만든다. 실제로는 치수에 어느 정도의 여유가 있기 때문에

주두의 상세한 모습

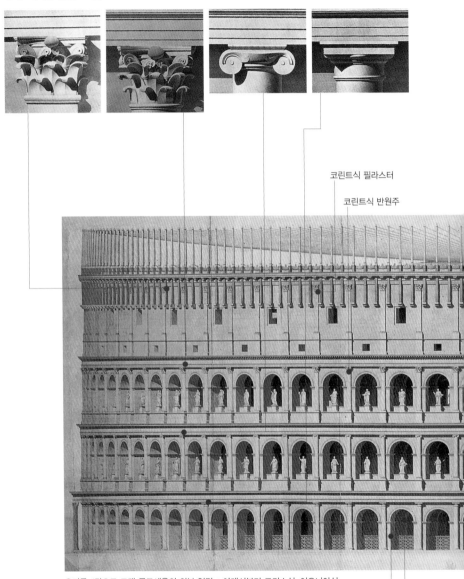

코린트식 필라스터

코린트식 반원주

오더를 4단으로 포갠 콜로세움의 외부 입면 : 아래서부터 도리스식, 이오니아식,
코린트식의 반원주, 코린트식의 필라스터다. 꼭대기 부분에는 계단석을 덮는 차
양 천막을 치기 위한 폴을 세웠다.

아케이드

피어

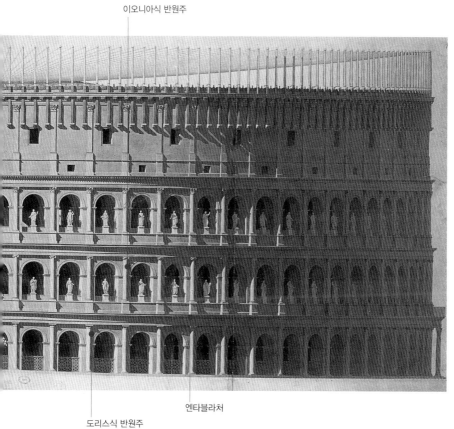

이오니아식 반원주

엔타블라처

도리스식 반원주

아케이드 높이의 다소간의 변경이 오더에 영향을 준다고는 단언할 수 없지만, 그래도 설계 초기 단계에서는 층수와 피어 간격의 결정도 포함하여 이러한 수속이 반복되었을 것이다.

　이상의 설명으로 구조체의 치수가 오더의 제어를 받아들인다는 사실을 이해할 수 있었으리라. 콜로세움의 평면은 타원형이기 때문에 오더가 없어도 형태결정의 프로세스는 상당히 복잡할 것이라 상상되지만, 완성된 외벽은 아케이드와 오더의 훌륭한 통합을 보이고 있다.

세프티미우스 세베루스의 개선문 : 컴포지트식 오더의 세부 모습

개선문

개선문은 실용적인 건축이 아니기 때문에 형태는 순수하게 미적인 관점에서 결정되었고, 아치와 오더의 관계가 보다 명료하게 나타나 있다.

콘스탄티누스의 개선문은 중앙에 커다란 아치를, 그 양옆에 절반 크기의 아치를 만든 두꺼운 벽체에 코린트식 오더를 배치한 것이다. 중앙 아치의 높이는 이맛돌(석조나 벽돌 구조의 아치나 볼트의 꼭대기에 넣는 돌—역주)이 엔타블라처의 하단부에 정확하게 접하도록, 양측의 아치 높이는 이맛돌이 중앙 아치의 아치굽 하단부에 정확하게 접하도록 설계되어 있다.

아치 사이의 피어에 배치된 원주는 주대(柱臺) 위에 얹어 엔타블라처의 높이를 조정한다. 그리고 엔타블라처 위에는 애틱(다락방)이라 불리는 가건물을 얹어 전체적으로 중후한 외관으로 정돈했다. 이러한 오더와 아치의 유기적인 관련에 의해 전체는 훌륭하게 통일되었다.

여기서 코린트식의 원주는 벽면에서 떨어진 독립 원주로서 설치되어 있다. 고전계 건축에서는 원주를 벽에 배치하는 방법 말고도 벽에 반쯤 매몰한 반원주로 만드는 방법, 4분의 1만 매몰한 4분의 3 원주로 만드는 방법, 그리고 필라스터에 의한 방법이 있다.

콜로세움의 아래 3층에서는 반원주에 의한 방법이, 최상층에서는 필라스터에 의한 방법이 채택되었다. 판테온에서는 이미 설명했듯 독립 원주(단, 뒤를 니치로 한다)와 필라스터를 볼 수 있다. 벽에서 엔타블라처가 돌출된 부분은, 당연한 말이지만 이것을 지탱하는 원주의 돌출 정도를 따른다.

단, 특히 독립 원주에서 많이 볼 수 있는데, 원주의 상부만을 돌출시킨 경우도 있다. 콘스탄티누스의 개선문에서는 이 방법이 채택되었다. 엔타블라처 전체를 돌출시키면 오더의 표현이 너무 강해져서 애틱을 분리하고 양괴 전체로서의 통일을 해치기 때문이다.

애틱(가건물)

아치

이맛돌   엔타블라처

코린트식 원주

아치 굽

코린트식 오더를 배치한 콘스탄티누
스의 개선문 : 독립 원주를 주대 위에   페데스탈(주대)
얹어 높이를 조정한다.

피어

프랑스의 건축가 클로드 페로(17세기 루브르 궁전 동면/東面의 건축가)에 의한 로마 건축의 다섯 가지 오더. 왼쪽부터 토스카나식, 도리스식, 이오니아식, 코린트식, 컴포지트식

로마의 오더

　로마에서는 그리스에서 이어받은 도리스식, 이오니아식, 코린트식에 새로이 토스카나식과 컴포지트식이 더해져 오더 선택의 폭이 넓어졌다.

　토스카나식은 에트루리아 건축에 기원을 두었다고 전해지며, 도리스식과 대단히 비슷한 주두를 갖는다. 단, 홈이 없는 점이 도리스식과 다르다. 또한 엔타블라처는 도리스식과 마찬가지로 3층으로 나뉘지만 전체적으로 간결하고, 프리즈와 코니스가 없는 것도 있다.

컴포지트식의 주두 : 커다란 소용돌이와 난족 무늬로
코린트식과 구별 짓는다

로마 · 도리스식의 주두

컴포지트식의 특징은 주두에 있는데, 코린트식의 아칸서스 잎에 이오니아식의 소용돌이를 사방에 더한 형태를 갖는다.

로마 건축에서는 토스카나식과 컴포지트식이 더해졌을 뿐만 아니라, 기존의 오더에도 약간의 변화가 발생하여 대체로 장식적으로 변했다. 도리스식은 전체적으로 가늘어졌고, 홈이 없는 것도 만들어졌다. 또한 주초가 더해져 주두는 작아졌고, 에키노스의 하방에 옥연(玉緣, 아스트라갈)이 추가되었다(토스카나식도 동일).

오더 그 자체는 아니지만 원주를 얹은 주대(페데스탈)도 로마 건축에 나타난 중요한 요소다. 이것을 이용하면 오더의 비례를 변화시키지 않고 엔타블라처의 높이를 조절할 수 있기 때문에 벽면과의 정합이 쉬워진다. 따라서 주대는 이후 고전계 건축에서 널리 이용되었다.

비트루비우스의 『건축서』

건축가의 업무

비트루비우스는 역사상 가장 큰 영향을 미친 건축가지만 그것은 작품에 의해서가 아니라 저서 『건축서』에 의해서다. 총 십서(十書)로 이루어진 이 『건축서』는 당시의 건축가, 그리고 건축의 이론과 실무에 대해 아주 많은 것을 가르쳐준다.

비트루비우스는 우선 건축술 부문에는 세 가지가 있는데, 그것은 ①건물을 세우는 것 ②해시계를 만드는 것 ③기계를 만드는 것이라고 설명한다. 여기서 말하는 건물에는 본서의 주제인 「건축」뿐만 아니라(가장 중시하고는 있지만) 수도나 수도교, 저수지, 댐, 항만 시설, 군사 시설 등도 포함되어 있다. 또한 제10서에서 구조와 이론이 설명되어 있는 주요 기계로는 기중기나 양수기, 수력 오르간, 거리계, 투석기, 공성탑, 파성추, 파성퇴 등이 포함되어 있다.

수력 오르간이란, 아마 수력을 이용하여 실린더의 피스톤을 왕복 운동시키고 그것에 의해 공기를 기통으로 보내 기통의 밸브를 건반으로 개폐하여 소리를 내는 기계일 것이다. 또한 공성탑은 사륜대차가 달린 망루에서 성벽 위로 병사를 이동시키기 위해 사용되었다. 성벽에 구멍을 뚫기 위한 커다란 송곳이나 망치를 늘어뜨린 망루가 파성추나 파성퇴다.

장인을 통솔하다

이처럼 당시 건축술의 범주에는 고도의 지식과 기술을 요하는 큰 공작물의 대부분이 포함된다. 실제로 비트루비우스의 기술(記述)에서, 건축가는 학예(산술 · 기하학 · 음악 · 천문학)를 익힌 교양인 · 지식인이었음이 추정된다.

참고로 건축가를 영어로는 architect(아키텍트)라고 하는데, 이것은 어원적으로 tect(장인, 세공인이라는 뜻)에 archi(제일의, 주요한, 커다란, 선두에 선 등의 의미를 갖는 접두어)를 붙여 탄생한 그리스어에서 기원하는 말이다(직역하면 '대공/大工'이다). 이 어원에서도 알 수 있듯이, 건축가는 단순한 장인이 아니라 그들을 통솔하여 커다란 것을 만드는 학식 있는 인물이라고 해도 좋을 것이다.

그런데 독자는 건축술의 세 부문 중에 하나가 해시계 제작이었다는 점이 의아할지도 모른다. 하지만 생각해보면, 고대에 해시계는 중요한 장치이며, 이것을 만들기 위해서는 천문학과 기하학의 지식이 불가결하기에 이것 역시 당연히 건축가의 업무에 해당된다.

또한 앞서 언급한 건축가가 익혀야 할 학예 중에 음악의 필요성에 의문을 가진 독자가 있을지도 모른다. 비트루비우스에 의하면, 음악은 규범이 될 만한 수적 비례 체계를 (음의 진동수의 비율로서) 익히는 데 필요하며, 투석기 현의 팽팽한 정도를 음에 따라 조절하는 데 필요하고, 더욱이 극장의 계단석 아래에 놓인 단지의 공명에 의해 음향 효과를 조절하는 데 필요했다.

여기서 소개한 것은 지극히 일부다. 고대 건축가의 업무에 흥미가 있는 독자에게 모리타 게이치(森田慶一)가 번역한 『비트루비우스 건축서』(도카이대학출판회 1979년)를 추천하며 글을 마치고자 한다.

❸ 르네상스

인간의 가치

로마 제국 몰락 후, 유럽은 중세라는 시대에 들어서지만 이 시대의 건축에 대해서는 제3장에서 논하기로 하고 여기서는 약 천 년의 시간을 뛰어넘어 르네상스의 건축으로 이야기를 이어가겠다.

르네상스란 「재생」을 의미하는 프랑스어다. 본래 고대 문예의 부흥을 가리켰지만, 그 저류를 이룬 것은 오랫동안 잊혔던 인간에 대한 가치의 재발견이었다.

중세 사람들은 교회의 권위에 보호받는 좁은 종교적 세계 속에 매몰되어 거기서 안심입명(安心立命)을 발견했지만, 중세 말이 되자 그러한 교회의 권위를 지겹게 느끼며 속박이라고 가르치는 사람들이 나타나기 시작했다. 그들은 인간이 교회의 비호 아래 들어오기 이전, 즉 인간이 자유롭게 감정과 이상을 표현하고, 인간이라는 대단함을 구가한 고대로 회귀하여 그 시대의 정신을 재생하고 싶다는 강력한 뜻을 품었다.

이러한 무리의 사람들이 처음으로 나타난 곳은, 고대 로마의 전통이 완전히 끊어지지 않고 존속된 이탈리아, 그중에서도 상인이 힘을 지녔으며 자유롭고 활달한 분위기가 넘치는 도시 피렌체였다.

건축의 과제

르네상스 건축의 과제는, 고대 로마 건축의 조형법을 재발견하고 그것을 도시의 새로운 실력자들의 저택인 팔라초(저택)나 교외의 빌라(별장), 또는 새롭게 의미를 붙이고 고친 교회당 등에 적용했다.

　이 시대에 건축의 본질은 철학과 수학에 있다고 간주되었고(건축을 학예의 일부로 보려 했다), 「조화」와 「비례」의 개념은 로마 시대보다 한층 치밀하게 이론화되었다. 그리고 고대 유적과 비트루비우스『건축서』에 대한 연구로 「조화」와 「비례」의 기본이 오더의 시스템에 있음이 밝혀지자 오더는 미의 근원으로서 신성시되었다.

　르네상스 사람들은 로마 건축의 외견을 그저 단순히 모방한 것이 아니라, 원리까지 거슬러 올라가 그 법칙을 탐구하고 이상화하여 스스로의 창조 모범으로 삼았다. 「다섯 가지 오더」(토스카나식, 도리스식, 이오니아식, 코린트식, 컴포지트식)(93쪽 참조)가 정식으로 확립된 것도 실은 이 시대다.

　중세 사람들은, 신은 유한한 세계를 초월한 존재며, 인간은 신의 피조물로 세계의 한 단편에 지나지 않는다고 생각했다. 이에 반해 르네상스 사람들은,

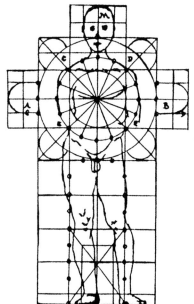

프란체스코 디 조르조에 의한
교회당 평면 프로포션의 연구

99

신은 무한한 세계 속에 존재하며, 신을 닮은 인간은 신이 세계에 나타내는 조화와 완전성의 반영이라고 생각했다.

인체가 정방향과 원에 함께 내접한 레오나르도 다 빈치의 유명한 그림은 신이 내존하는 대우주와 그 반영인 인간=소우주와의 수리적 조화를 상징하고 있다고 평가된다. 이러한 인체도는 당시 성서처럼 취급된 비트루비우스의 『건축서』에도 기술되어 있으며, 르네상스 건축가의 이상을 잘 나타내고 있다.

레오나르도 다 빈치의 인체도 : 인간과 우주와의 조화, 인간의 완전성을 상징적으로 나타내고 있다.

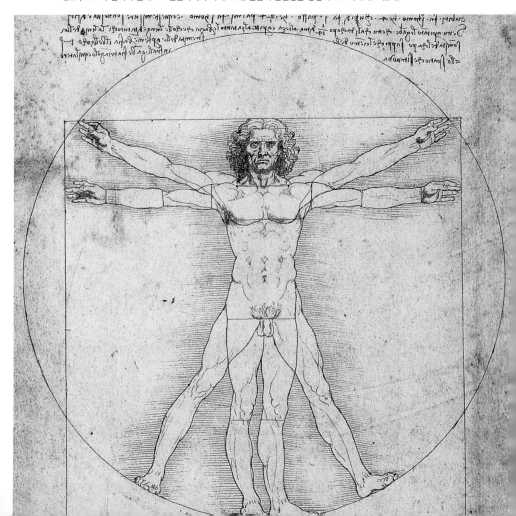

초기 르네상스

브루넬레스키의 고아원(피렌체 1421~45년)은 최초의 르네상스 건축으로 여겨진다.

이 건물은 홀에 면한 아래층을 아케이드로 삼아 위층을 평활한 벽면으로 만든 파사드(건물 정면) 구성이 특징이다. 원주와 반원 아치에 의한 아케이드는 고대 말에서 중세 초기에 걸쳐 빈번히 이용된 형식이지만, 특히 피렌체를 중심으로 한 토스카나 지방에서는 이 전통이 강하게 남아 로마네스크 건축의 전기간을 통해 이용되었다(일반적으로 로마네스크나 고딕 건축은 원주가 아니라 피어를, 또

브루넬레스키의 명작 피렌체의 고아원 : 원주가 지탱하는 반원 아치와 그 위에 얹은 엔타블라처의 조합은 르네상스 최초기의 특징

피렌체의 산 로렌초 성당(1425~60년 브루
넬레스키) : 고아원의 파사드와 동일한 모티
프가 내부에 적용되어 밝고 가벼운 리듬을 자
아내고 있다.

한 고딕 건축은 반원 아치 대신에 첨두/尖頭 아치를 이용한다). 따라서 고아원의 아케이드
는 이 지방에 존재하는 로마네스크 건축의 전통을 이어받았다고 판단된다.

하지만 이 파사드에는 로마네스크나 고딕 건축에는 없는 혁신이 있다. 코린
트식의 원주, 아래층과 위층을 나누는 엔타블라처, 그리고 사각 틀의 창문과
그 위에 얹힌 페디멘트가 그것이다. 이것들은 모두 로마 건축의 조형 요소다.

그런데 원주와, 원주가 지탱하는 엔타블라처 한 쌍이 오더이니, 원주에 아
치를 설치하고 그 위에 엔타블라처를 얹은 고아원의 아케이드는 오더의 원칙
에서 벗어난 것이다. 후에 이 모순은 로마 건축의 보다 엄밀한 연구에 의해 해
소되지만, 이것도 초기 르네상스의 새로운 표현이었다.

게다가 반원 아치의 넉넉한 스
팬, 아치의 명료한 가장자리 장식,
그리고 가느다란 원주가 자아내는
가벼운 리듬감은 로마네스크나 고
딕 건축은 물론이거니와, 로마 건
축에도 없는 독자적 표현이다. 사
실 이 가벼운 구조는 아케이드의
뒤에 감춰진 철 타이 바(지지봉)에
의해 실현되는데, 이러한 기술의
발상 자체가 르네상스의 것이다.

피렌체의 산 로렌초 성당 세부 모습 : 코린트식 주두와 아
치 사이에 블록화된 엔타블라처가 삽입되어(로마 건축이 모
범 : 75쪽 참조) 고전성이 강해졌다.

팔라초 루첼라이의 세부 : 콜로세움의 입면을 적용하여
로마 건축의 보다 깊은 이해를 나타내었다.

알베르티의 팔라초 루첼라이(피렌체)

팔라초 메디치(피렌체)의 루스티카 기법을 적용한 도로 측
벽면 : 오더 그 자체는 사용되지 않았지만 비례조화적인 구
성을 갖는다.

팔라초 메디치의 중정 : 고아원 파사드의 모티프를 적용

팔라초

알베르티의 팔라초 루첼라이(피렌체 1446~51년)는 도로에 면한 3층 구성의 파사드에 콜로세움의 입면을 적용하여 로마 건축의 보다 깊은 연구 성과를 나타내고 있다.

오더는 평활한 부조 상태의 벽면 패턴에 지나지 않지만, 각 층의 프로포션이나 창문의 배치 등이 오더의 원리를 따라 정해졌음을 알 수 있다. 오더의 간격을 채우는 거친 절석쌓기 패턴은 루스티카(조석쌓기)라고 불렸으며 르네상스에서 다용된 기법이다.

르네상스 건축의 완성이라 주목받는 브라만테의 걸작 템피에토(로마) : 런던의 세인트 폴 대성당이나 파리의 판테온 등, 훗날의 돔 건축에 커다란 영향을 미쳤다.

템피에토의 도리스식 오더

팔라초 루첼라이에 선행한 팔라초 메디치(피렌체 1444~59년 미켈로초)의 외벽에
서는 루스티카가 전면적으로 채용되었지만 오더 그 자체는 아직 사용되지 않
았다. 하지만 최상부의 커다란 코니스와, 이에 알맞은 전체적 프로포션 배치
는 오더의 비례에 의존하고 있다. 1층을 로지아(벽이 없는 주랑)로 만든 이 건물
의 중정 형식은 고아원의 아케이드 구성에서 착안하였고, 이후 곳곳에서 모방
되었다.

팔라초 파르네제 정면(로마) : 에디큘라 모양 창문의 규칙적인 배치가 고전적 성격을 강화한다.

팔라초 파르네제 정면의 에디큘라 모양 창문 : 삼각형의 페디멘트와 궁형의 페디멘트를 교대로 얹었다.

성기 르네상스

성 페테로 순교지에 세워진 기념예배당 템피에토(로마 1502~10년)는 르네상스 건축의 완성이라 주목받는 작품으로, 성기(盛期) 르네상스의 엄격한 고전주의적 성격을 잘 나타내고 있다. 고대 로마의 도리스식 원형 신전을 모티프로 하지만, 돔을 설치한 켈라(신실/神室)를 엔타블라처 상방에 크게 돌출시키는 발상은 독창적이며, 후에 고전주의 건축에 큰 영향을 미쳤다(이를테면 런던의 세인트 폴 대성당이나 파리의 판테온 등).

팔라초 파르네제(로마 1530~46년 산갈로, 미켈란젤로) 또한 성기 르네상스의 대표작이다. 여기서는 평활한 벽면에 늘어선 에디큘라 모양 창문의 조소적(彫塑的) 취급이 3층 구성의 파사드에 강한 고전적 성격을 부여한다.

특히 주요층(主要階, 피아노 노빌레라고 하며 통상적으로 2층에 둔다)을 이루는 제2층은 에디큘라의 원주를 페데스탈에 얹어 이 페데스탈과 창틀 밑이 만드는 수평대 구성에 콜로세움을 충실히 모방하는 등, 고전적 격식의 높이를 보여주고 있다. 중정 측의 입면에는 오더의 부조를 배치한 콜로세움의 외벽 모티프가 재현되어 에디큘라 모양의 창문을 내포한다. 아치의 정점이 엔타블라처에 접한 모습은 콜로세움보다도 엄밀한 기하학성을 추구했다고 볼 수 있으리라.

팔라초 파르네제 중정 측의 입면 : 콜로세움의 외벽 모티프를 적용

브라만테가 지은 라파엘로의 집(로마, 현존하지 않음) : 루스티카 기법의 1층에 오더를 얹은 2층 구성의 외관은, 루브르 궁전 동쪽이나 오페라좌 등 훗날의 건축에 커다란 영향을 미쳤다.

미켈란젤로의 걸작 팔라초 델 세나토레(로마 캄피돌리오 언덕) : 대 오더가 만드는 위풍당당한
외관은 건축에 새로운 표현을 전파했다.

팔라초 데이 콘세르바토
리(로마 캄피돌리오 언
덕) : 대 오더와 소 오더
를 조합한 독창적 표현
은 훗날의 건축에 큰 영
향을 미쳤다.

후기 르네상스
오더의 다양한 적용과 마니에리슴

로마 건축의 부흥과 고전적 조화의 실현이 완벽하게 구성되자 르네상스 건축은 보편적인 목표를 잃게 되었다. 건축가는 그러한 상황 속에서 스스로의 독자성을 나타내는 예술 방향을 찾아야 했다.

이렇듯 고전적 정통에서 멀어져 오더의 새로운 적용을 모색하는 한편, 오더 본래의 의미나 문법을 등지고 모티프를 자유롭게 무너뜨려 분해 · 융해하는 과격한 경향이 나타났다. 그런 수법들은, 오더가 지닌 본래적 의미의 이해를 전제로 한 역설로서 나타나는 점에 특징이 있으며, 그러한 의미로 공들여 계산된 것이다. 후기 르네상스에 속하는, 이런 강한 자의식에 근거한 경향을 마니에리슴이라고 한다.

팔라디오의 걸작 빌라 로톤다(이탈리아 비첸차) : 정방형의 건물 네 면에 고대 신전의 정면을 포티코로서 붙였다. 오더의 순수하고 청렴한 표현에 의해 고전적 성격이 강한 시적(詩的) 공간을 자아낸다.

대 오더의 발명

고대 로마의 원로원이 있던 캄피돌리오 언덕에 세워진 세 동의 건물은 오더의 용법에 변혁을 초래했다. 대형(臺形) 광장 정면의 팔라초 델 세나토레(1592년~ 미켈란젤로)는 3층짜리 건물이지만, 1층을 루스티카 기법으로 기단처럼 취급하고 그 위에 피아노 노빌레와 최상층을 얹었다.

하지만 피아노 노빌레와 최상층을 나누는 수평 요소는 없고, 대신에 2층 높이를 가지는 오더(이것을 대 오더라고 한다)가 전체를 통일한다. 대 오더의 열이 만드는 위풍당당한 외관은 파사드를 잘게 나누던 지금까지의 오더 적용법으로는 만들어낼 수 없었던 전혀 새로운 건축 표현이다.

대형 광장의 양 측면에는 팔라초 데이 콘세르바토리(1564년~)와 카피톨리노 미술관(1644년~)이 마주 보며 배치되어 있다. 동일한 디자인을 갖는 이들 2층 건물은 정면의 건물과 마찬가지로 코린트식 대 오더에 의해 파사드 전체의 윤곽이 결정되었다.

게다가 여기서는 광장에 면한 1층을 로지아로 삼고, 그 개구부 양쪽에 배치된 이오니아식 오더가 2층의 벽을 지탱하는 구도를 취한다. 대 오더의 발명과, 대소 두 종류의 오더를 하나의 건물에 유기적으로 조합하여 이용한 방법은 미켈란젤로의 독창성에서 탄생한 것이며, 이후 건축 설계의 중요한 요소가 되었다.

팔라디오의 바실리카(비첸차 1549년~)는 콜로세움의 외벽 모티프를 기반으로 하여 아치를 받는 피어 부분을 두 개의 작은 원주로 교체함으로써 새로운 모티프를 만들어냈다. 대 오더는 이용하지 않지만 대소 두 종류의 오더를 조합한 점에서, 앞서 설명한 미켈란젤로의 방법과 같다. 이 모티프를 팔라디오와 관련지어 팔라디안 모티프라고 한다. 이 모티프는 베네치아의 산 마르코 도서관(1537~91년 산소비노)에서도 화려한 외관의 주요 모티프가 되었다.

대소 오더를 조합하여 이용한 것은 두 종류의 비례 체계를 하나의 벽면에

도입한 것에 지나지 않으며, 결과적으로 복잡한 리듬을 생성하게 된다. 고대에는 없었던 이러한 방법은, 이 다음의 바로크 건축에 계승되어 바로크의 동적인 표현 속에서 그 효과를 발휘하게 된다. 한편 팔라디오는 오더를 보다 순수한 모양으로 이용함으로써 고전적 이상을 추구했다. 빌라 로톤다(비첸차 1567~70년)는 정방형의 건물 네 면에 고대의 신전 정면을 포티코(주랑 현관—역주)로서 붙인 구성을 갖는다. 포티코의 엔타블라처는 벽면에도 연속되어 오더의 원리를 전체에 골고루 미치게 한다. 엄밀한 대칭성에도 불구하고 기단 위에 선 이오니아식의 우아한 열주와, 억제된 간소한 벽면이 조화되어 균형 잡힌 프로포션 속에 통일과 조화의 감각이 탄생한다.

신전의 정면만을 떼내어 붙이는 방법은 이미 로마의 판테온에서 볼 수 있었지만, 팔라디오의 작품을 통해 전 유럽에 퍼지게 되었다.

팔라디오가 설계한 바실리카(비첸차) : 콜로세움의 외벽 모티프를 베이스로 하며 대소 오더를 조합한 독창적 표현을 자아낸다.

비첸차의 산 마르코 도서관 : 팔라디안 모티프를 갖는 화려한 외관.

미켈란젤로가 설계한 로렌초 도서관 현관 : 모순이 넘치는 비극적 공간

오더의 분해

미켈란젤로의 로렌초 도서관 현관(피렌체 1521~34년) 내부에는 모순이 넘친다. 두 개가 한 쌍을 이루는 원주가 상식에 반하여 벽 속에 들어간 채, 부분적으로 후퇴한 엔타블라처를 받아들인다. 원주 아래에 붙은 브래킷에는 두께가 없어, 지탱해야 할 원주는 벽 속에 있고 브래킷 위에는 없다.

브래킷은 벽에서 돌출된 기둥이나 바닥을 지탱하는 것이므로 이래서야 존재 의미가 없다. 원주는 위에서 오는 힘을 지탱하고 그것을 바닥에 전하는 본래의 역할을 수행하지 못한 채, 마치 관 속에 들어 있는 시체처럼 보인다. 원주 사이에 있는 에디쿨라 내부는 장식 창이 되어 텅 비었다. 모든 요소가 본래 이야기해야 할 의미를 이야기하지 않은 채 무언가를 거부하는 듯하다. 이곳에 있는 것은 침묵에 의한 불안, 죽음을 예감케 하는 비극적인 무언가다.

줄리오 로마노의 팔라초 델 테(만토바 1526년~)는 신기한 건물이다. 얼핏 눈에 띄는 특징은 도리스식 오더에 포개진 루스티카 벽면이다. 앞서 등장한 팔라초 루첼라이에서는 벽면 전체의 조각은 얕지만 루스티카의 면과 오더의 구분은 명료했다. 하지만 여기서는 오더의 조각은 깊음에도 불구하고 루스티카와의 구분이 불명료하여 양자가 융합되어 있다.

융합은 물론이거니와 입구의 페디멘트는 루스티카에 침식되어 풍화되고 있다. 장식 창 위의 페디멘트는 코니스가 소실되어 수평 아치의 방사상(放射狀) 박석(迫石) 위에 (본래는 말도 안 되는 조합이지만) 잔재처럼 붙어 있을 뿐이다. 게다가 그 페디멘트들은 정점에서 좌우로 분해되어 있다.

더욱이 엔타블러처의 돌은 곳곳이 (페디멘트 바로 위로) 떨어져 내렸고, 두 개가 한 쌍인 원주의 페데스탈은 분단되어, 대신에 입구의 작은 원주와 쌍을 이룬다. 마치 흙 속에서 나타난 고대의 폐허, 머나먼 과거의 기억 속 단편 같은 분위기가 감도는 건물이다.

미켈란젤로의 작품은 깊은 정신성에서 오는 지극히 고도의 예술 표현을 갖지만, 너무 심각해서 그 충격력이 강하기 때문인지 이것을 모방하는 작품은 나타나지 않았다. 한편, 루스티카를 다용하는 줄리오 로마노의 작품은 기지가 풍부하여 받아들이기 쉽기 때문에 훗날의 건축에 커다란 영향을 미쳤다.

팔라초 델 테 : 4개의 원주가 엔타블라처
를 통해 아치를 지탱하는 정원 입구 부분

줄리오 로마노의 팔라초
델 테(이탈리아 만토바)
중정에서 본 정원 입구 :
분해된 오더와 루스티카
의 허를 찌르는 조합에
의해 고대의 폐허를 연상
시키는 외관을 만들었다.

르네상스 교회당의 파사드

　르네상스 및 이 이후의 고전계 건축에서는 교회당의 파사드에 어떻게 오더를 적용할지가 큰 테마였다. 만능인인 알베르티도 몇 가지 시험을 했다. 그중에서 피렌체의 산타 마리아 노벨라 성당은 S자형 곡선의 비스듬한 벽으로 볼록한 형태의 상부와 하부를 결합했다. 이 방법은 볼록한 형태의 파사드 상단과 하단에 각각 오더를 적용했을 때 상하로 분리되기 쉬운 파사드를 일체화하는 대단히 유효한 방법이었다. 그렇기 때문에 로마의 일 제수 성당(129쪽 참조)을 통해 전 유럽으로 퍼졌다.

피렌체의 산타 마리아 노벨라 성당
(1448년~ 알베르티)

116

만토바의 산 세바스티아노 성당
(1459년~ 알베르티)

만토바의 산탄드레아 성당
(1472년~ 알베르티)

베네치아의 일 레덴토레 성당
(1577년~ 팔라디오)

만능인 알베르티

보통 사람을 초월한 운동 능력

르네상스는 신을 정점으로 한 그때까지의 세계관에서 인간을 중심으로 한 세계관으로 커다란 전환이 이루어진 시대다. 인간은 신의 단순한 피조물로서가 아니라, 그 자신의 고유한 가치를 지닌 존재로서 자각되었다. 이때의 사람들은 신의 위대함보다도 인간 능력에 많은 관심을 두며 「전능한 신」 앞에 넙죽 엎드리는 대신에 「만능인」에게 갈채를 보내게 되었다.

「만능인」이란 말할 것도 없이 다양한 분야에서 출중한 재능을 발휘하는 사람을 일컫는다. 그런 사람으로 가장 먼저 떠오르는 이는 레오나르도 다 빈치지만, 여기서는 또 한 명의 만능인 레온 바티스타 알베르티(1404~72년)를 소개하겠다.

본서에서 알베르티는 팔라초 루첼라이나 산타 마리아 노벨라의 파사드를 설계한 건축가로서 등장한다. 하지만 훗날의 예술사조에 더 큰 영향을 미친 것은 이들 실 작품보다 건축 창작을 위한 이론서로 쓰인 『건축론』이다. 이 저술에 대해서는 나중에 언급하기로 하고, 우선은 알베르티가 얼마나 만능이었는지 살펴보도록 하자.

알베르티는 건축, 회화, 조각 분야에서 걸출했을 뿐만 아니라, 수학, 기하학, 법률, 음악에 통달했고, 시나 산문 등의 문예에도 큰 재능을 발휘했다. 오르간 명인으로 작곡이 특기였고, 스무 살경에 라틴어로 쓴 희극은 완성도가 높아 고대 로마 시대의 작품이라 착각할 정도로 사람들로부터 칭송받았다고 한다. 운동 능력은 보통 사람의 영역을 초월하여 승마, 등산, 투창, 구기, 달리기 외에, 검술, 무술, 무도가 특기였다. 일설에 의하면 발을 오므린 채 사람의 어깨를 뛰어넘을 수 있고, 동전을 위로 던지면 피렌체 대성당 돔의 꼭대기까지 다다랐다고 한다.

건축을 학예의 영역으로

그는 저술 활동을 특별히 좋아했는데, 그 논제는 논리, 공민, 법률, 종교, 교육, 문예부터 역학, 공학, 수학, 나아가 성인전(聖人傳)이나 연애론에 이르기까지 지극히 다양했다. 이러한 저술들 속에서 알베르티는 한 시민의 시점으로 정치적 부패를 개탄하고 국가에서 덕과 정의의 중요성을 역설하는 한편, 삶의 고통과 곤란을 아는 살아 있는 인간으로서 영혼의 평정을 흩트리는 정신적 불안이나, 거기서 해방되기 위한 방법에 대해 논했다. 가정생활과 자녀 교육, 우정에 대해 논한 『가정론』은 르네상스 교육론의 명저로 전해진다.

또한 알베르티는 측량기계를 발명하여 고대 유적을 실측하고, 습도계와 수심계도 고안했다. 고대선(船)의 고고학이나 배의 건조법에 대하여 기술했고, 특이하게도 말의 성질과 조교법에 대해서까지 논했다(실제로 알베르티는 승마의 명수로, 어떤 난폭한 말도 고양이처럼 길들일 수 있었다고 한다).

이 모든 저술들 중에서 역사적으로 가장 중요하게 여겨지는 것이 『건축론』이다. 이 저술은 『회화론(繪畫論)』과 함께, 그 전까지는 전문기술이라고 간주되던 예술을 학예의 수준으로 끌어올린 이론적 근거가 되었다.

「학예」란 고대적 자유인에 걸맞은 교양을 의미하며, 문법, 수사학, 변증법의 삼과(三科)와, 산술, 기하학, 천문학, 음악의 사과(四科)가 있었다(이것들을 합쳐 자유칠과/自由七科라고 한다). 사과의 근간을 이루는 것은 수학이었기 때문에(음악도 수학적 비례 조화의 학문으로 간주되었다) 수학적 근거를 부여함으로써 건축과 회화도 학예에 포함되는 것으로 판단했던 것이다.

column

순수한 건축가로서

르네상스가 되자 건축을 하나의 예술 작품으로 간주하는 사고방식이 탄생하여, 중세적 장인과는 다른 예술가로서의 건축가가 등장했다.

따라서 예술가라면 누구나 건축을 설계할 수 있다고 생각되었다. 실제로 이 시대의 많은 건축가는 화가 또는 조각가였다. 이를테면 브루넬레스키는 조각가·건축가였고, 라파엘로는 화가·건축가였으며, 미켈란젤로는 화가·조각가·건축가였다. 알베르티는 어땠느

알베르티

냐? 그는 순수한 건축가였다. 건축은 조각, 회화를 포함한 예술 분야 중에서 수작업의 영역에서 가장 멀고, 기하학과 수학을 토대로 한 점으로 볼 때 학예 그 자체였다. 알베르티는 학예를 익히고, 수학과 기하학의 전문 지식을 가진 교양인에 걸맞은 직업이야말로 건축가라고 생각했던 모양이다.

『건축론』의 서문에서 알베르티는 건축가를 다음과 같은 사람이라고 말했다. 즉, 「비범한 이성을 가진 사람이며, 첫째, 정신과 지성에 의해 사물을 결정하는 법을 알고, 둘째, 업무를 행하는 데 있어 모든 재료를 올바르게 통합하는 법을 아는 사람」.

『건축론』은 장식(오더와 그 적용법 및 각부 의장의 표현 등)을 중심으로 건물의 외형, 대지의 선정, 사전 조사, 건축 재료의 성질과 제조법, 각종 공사, 각종 시설의 계획, 수복 등, 대략 현재 대학의 건축학과에서 배우는 모든 분야를 망라한다. 하지만 이 저술은 실용적인 입문서로 쓰인 것이 아니며, 더구나 사변적인 논고로 쓰인 것도 아니다. 전체를 통해서 말할 수 있는 것은, 쾌적하고 아름답고 안전한 주거 환경을 실현하기 위한 실천서의 성격이라는 점이다.

건축을 각별히 사랑하여

건축은 인간의 필요에 가장 강하게 결합된 예술이며, 더구나 알베르티에게 있어 최고의 선(善)은 공공 이익에 공헌하는 것이었다. 따라서 알베르티는 건축을 순수한 시민 활동이라 생각했다고 한다. 『건축론』은 그것을 위한 지침서다. 이 저술을 완성시키는 데(만능인 알베르티조차) 많은 곤란함에 직면했고 수없이 위기를 맞았지만 그때마다 초심으로 되돌아가 스스로를 격려하고 업무를 속행했다고 알베르티 자신은 말했다.

그리고 무엇보다 알베르티는 건축을 각별히 사랑했던 모양이다. 「나는 다른 업무로 바쁜 와중에도 얼마나 자주 지적(知的)으로, 마음속에서 수많은 건축을 상기한단 말인가!」라며 건축을 상상하는 기쁨을 이야기하는 한편, 최고의 스승인 고대의 실례(實例)를 두고 「나는 날마다 사라져가는 것을 눈물 없이는 볼 수 없었다」(실제로 르네상스 사람들은 중세 사람들이 한 것보다도 훨씬 많은 석재를 고대 유적에서 약탈했다고 한다)며 애석한 마음을 고백했다.

『건축론』 이후의 알베르티는 여생을 논문 집필보다 건축 설계와 실시에 몰두하며 보냈다고 한다.

❹ 바로크

반종교개혁

바로크 건축 탄생의 원동력은 반종교개혁에 있었다고 여겨진다. 르네상스는 인간의 가치를 재발견했지만, 그 반면에 교회의 부패에 엄격한 비판의 눈을 향하게 하여 알프스 북측에서 격렬한 종교개혁을 일으켰다.

종교개혁에서 루터가 호소한 것은, 인간이 올바른 길을 걷고 있는지 어떤지는 다만 그 신앙 여하에 따르며, 중요한 것은 전례(典禮)가 아니라 신앙의 원점인 성서라는 주장이었다. 인간의 구원에 있어 전례가 필요불가결하다는 가톨릭 교회는 이 개혁 운동에 위협을 느끼고 로마 교황청을 중심으로 스스로 정화·숙정(肅正)을 진행하여 반종교개혁을 강력히 전개했다.

여기서 가톨릭 교회는 민중의 마음을 사로잡기 위해 감각에 호소하고 정감에 직접 작용하도록 연출하여 전례를 극적으로 꾸미는 데 힘을 쏟았다. 이렇듯 교회당은 전례를 위해 극장화되었고 회화, 조각과 건축이 혼연일체가 되어, 말하자면 종교적 대 스펙터클을 상영하는 장이 되었다.

바로크 건축의 특징

「바로크」라는 말은 「일그러진 진주」를 의미하는 포르투갈어에서 유래한다고 전해진다. 마니에리슴이 르네상스에 대한 역설적·소극적 저항인 데 비해 바로크는 르네상스를 정면으로 반항한다고 해석된다.

마니에리슴에서는 오더의 취급에 지적 궁리가 집중되어 신기성(新奇性)이나 의외성이 추구되었지만, 오더는 평면 내에 머물러 있어 기본적으로는 성기 르네상스와 마찬가지로 정적인 성격이 유지되었다. 바로크에서는 오더의 모티 프를 변형하는 일은 있어도 마니에리슴처럼 분해·융해하는 일은 없이, 오히 려 오더에 경의를 표하며 대담하게 적용하여 강한 동적 표현을 창출했다.

요철의 강조, 넘실거리는 곡면, 과잉 장식, 빛과 그림자의 연출, 중심축의 강조, 공간적 억양, 이것들이 바로크 건축의 특징이다. 여기에는 규칙적인 반 복 리듬이 없고(이 경향은 마니에리슴에서도 이미 밝혀졌지만), 르네상스가 이상으로 삼은 고전적 조화와는 다른 약동의 미학이 존재한다. 개별적인 경향으로는 타 원을 애호했다. 원이 정적이고 완결적인데 반해, 타원은 수축과 팽창이 맞버 티는 동적인 힘을 암시하기 때문에 바로크에서 애용되었다.

산타 마리아 인 캄피텔리 성당(로마 1663년~)의 내부 : 대담하게 돌출된 오더가 만드는 벽면 의 복잡한 요철이 빛과 그림자를 극적으로 교차시킨다. [촬영 : 가와베 야스히로]

산타 마리아 델라 비토리아 성당(로마 1620년~)의 내부 : 회화, 조각, 건축이 혼연일체가 되어 교회당
은 종교적 대 스펙터클을 상연하는 장이 되었다. [촬영 : 가와베 야스히로]

일 제수 성당(로마)의 천
장(1668년~ 개축) : 회
화, 조각, 건축이 일체화
된 환각적 표현. [촬영 :
가와베 야스히로]

산 피에트로의 재건

가톨릭 교회의 정점에 위치한 로마의 산 피에트로 대성당(4세기 창건)은 목조 천장을 설치한 바실리카식(장당식/長堂式)의 교회당이었지만, 16세기에는 낡아서 손상이 많았기 때문에 교황 율리우스 2세에 의해 재건 계획이 세워졌다. 바실리카식을 대신하여 십자형 플랜의 중심에 큰 돔을 설치한 브라만테의 안이 채용되어 1506년에 착공되었다.

브라만테의 죽음(1514년)으로 공사가 정체된 뒤, 1546년에 교황 율리우스 3세는 미켈란젤로에게 공사의 수행을 명했다. 미켈란젤로는 브라만테의 안을 기본으로 하면서 중앙의 돔에 초점을 맞춘, 보다 조각적이고 튼튼한 설계안을 작성하여 공사를 재개했다. 미켈란젤로의 죽음(1564년) 뒤에도 복수의 건축가가 공사를 이어받아 거의 원안대로 공사는 완료되었다(1589년). 완성된 미켈란젤로의 돔은 후기 르네상스의 걸작으로 손꼽힌다.

브라만테과 미켈란젤로가 채용한 집중식 플랜은 르네상스적 이상인 우주와 인간의 완전성을 구현화한 것이었지만, 제단을 향한 장축(長軸) 방향의 움직임을 중시하는 전례의 현실적 요구에 따른 것이 아니었다. 그래서 17세기에 들어서자 교황 파울로 4세는 대성당을 전통적인 바실리카식으로 개변하기 위해 미켈란젤로의 돔 전방에 장당(長堂)을 부가하는 증축 공사를 결단했다. 마데르노가 건축가로 뽑혔고, 1624년까지 장당과 그 정면이 바로크 양식으로 완성되었다.

산 피에트로의 정면

산 피에트로의 정면을 지배하는 것은 코린트식의 대 오더다. 대 오더 그 자체는 르네상스가 발명했지만, 여기서는 르네상스와는 전혀 다른 복잡한 배열

로마의 산 피에트로 대성당 정면 : 오벨리스크, 마데르노에 의한 칸막이 같은 정면. 그 뒤에 미켈란젤로의 돔이 보인다.

산 피에트로 정면 : 주열을 앞뒤로 비켜 놓음으로써 중앙부가 강조된다. 이 어긋난 열은 엔타블라처의 굴절로 나타나고 있다.

법을 볼 수 있다. 전례의 중시는 제단을 향한 중심축의 강조를 필연적으로 불러왔지만, 그것이 건물 외부로도 흘러나가 정면의 구성에 영향을 미쳤다.

자세히 살펴보면 산 피에트로 정면은 고대의 신전 측면에, 페디멘트가 있는 신전 정면을 포갠 구조를 갖는다는 사실을 알 수 있다. 게다가 신전 정면 부분의 주열과 측면 부분의 주열은 동일 수직면 내에 없고, 전자의 열주가 후자의 그것보다 전방에 놓여 있다. 이처럼 주열을 포함한 수직면(층)을 앞뒤로 중층시킨 방법은, 중앙을 강조하기 위해 이용된 바로크 특유의 방법이다. 겹쳐진 층은 층의 이음매에 기둥을 근접하여 늘어놓음으로써 강조된다. 이것이 오더의 배열을 복잡하게 만드는 요인이기도 하다.

여기서 두 곳의 성당, 일 제수(로마 1568년~ 비뇰라와 델라 포르타)와 산타 수잔나(로마 1597년~ 마데르노)의 정면을 비교해보고자 한다.

일 제수의 정면은 역사적으로 대단히 큰 영향을 미친 작품으로, 산타 수잔나도 여기서 배운 많은 성당 중 하나다. 두 곳은 대단히 닮아 있지만 일 제수는 후기 르네상스에, 산타 수잔나는 바로크에 속한다고 한다. 양식의 차이는 어디에 있을까?

두 성당 모두 아래층은 다섯 개의 주간(柱間)으로 이루어져 있다. 일 제수는 입구 양측을 제외한 모두를 필라스터로 삼았고, 그것들을 두 개가 한 쌍인 쌍기둥으로 삼아 늘어세웠다. 끝머리부터 두 번째 부분에 필라스터와 벽의 돌출이 크지만, 쌍기둥의 널찍한 열이 주는 인상이 크기 때문에 눈에 띄지 않는다. 또한 입구 양측만은 4분의 3 원주로 삼았지만, 이웃하는 필라스터와 마주보며 쌍기둥의 열에 동조되고 있다. 이렇게 하여 중앙부의 강조는 완화되었다.

이에 반해 산타 수잔나에서는 양끝만을 필라스터, 그 외에는 2분의 1 원주, 4분의 3 원주, 완전 원주로 하여 중앙에 가까울수록 돌출이 크고 윤곽이 명료하다(이러한 기둥의 취급은 엔타블라처에도 단상/段狀의 돌출로 나타난다). 더구나 양끝의 주간을 좁혀 정면이 옆으로 퍼지는 인상을 억제했다. 이렇듯 전체가 중앙으로의 수렴을 의도하여 구성되었다. 오더의 구성과 배열에서 탄생한 그러한 수렴

운동이 산타 수잔나에 바로크 자격을 부여하고 있다.

산 피에트로 정면에는 이상과 같은 수법을 모두 볼 수 있다.

산 피에트로 내부 : 성 베드로의 제단과
베르니니의 대 발다키노

산 피에트로 내부 : 성 베드로의 제단 상방에
갖춰진 미켈란젤로의 돔

베르니니에 의한 산 피에트로 전면의 타
원형 대 콜로네이드

산 피에트로 내부 : 복도에서 성 베드로의 제단 쪽을 바라본 모습

로마의 일 제수 성당

로마의 산타 수잔나 성당

바로크의 다양한 파사드

바로크에서는 오더를 앞뒤로 중층시킴으로써 중앙부를 강조한 기복 있는 파사드를 자아낸다.

파리의 발 드 그라스 성당
(1645년경)

파리의 소르본느 성당
(1635~42년)

베네치아의 산타 마리아 델라 살루테 성당(1631~87년)

로마의 산티 빈첸초 에 아나스타시오 성당
(1646~50년) [촬영 : 가와베 야스히로]

로마의 산탄드레아 알 퀴리날레 성당

로마의 산타 마리아 델라 파체 성당
(1656~57년)

산 피에트로의 내부와 콜로네이드

산 피에트로의 전면 광장에는 248개의 도리스식 원주가 형성하는 대 콜로네이드(원주랑)가 베르니니에 의해 건설되어(1667년) 마데르노의 정면에 연결되었다. 콜로네이드는 1586년에 설치된 대 오페리스크를 중심으로 한 타원형 평면을 가졌으며, 산 피에트로 정면, 나아가 정면의 중앙 입구를 통과하여 당내 교차부에 위치한 성 베드로의 묘와 제단, 그리고 그 상방에 마련된 미켈란젤로의 돔을 초점으로 한 장대한 공간축을 연출하고 있다.

장당 내부에서는 엔타블라처의 강한 수평축이 시선을 교차부로 인도한다. 고전계 교회당에서는 내부 입면을 잘게 쪼개는 것을 좋아하지 않기 때문에 단층의 오더로 벽면을 크게 분할하여 그 상부를 구성하는 엔타블라처에 의해 벽면과 돔이나 볼트 등의 곡면 천장을 경계 짓는 경우가 많다. 산 피에트로에서는 아케이드의 두꺼운 피어에 붙은 쌍기둥의 필라스터가 엔타블라처를 지탱하고, 그 위에 격간(格間)의 터널 볼트를 설치한다. 이러한 구성법은 알베르티가 만토바의 산탄드레아 성당(1470년)에서 처음으로 고안한 것이지만, 그 힘찬 템포 때문에 바로크에서 애용되었다.

화제를 다시 외부로 되돌려보자. 베르니니의 콜로네이드는 건축과 외부 공간을 극적으로 연결하고 있다. 성기 르네상스를 포함하여, 그때까지의 건축은 주위에서 독립한 하나의 완결 구조물로서 구성되었지만, 마니에리슴 이후 주위 환경과의 연관성에서 건축 조형을 취하는 시점이 탄생했다. 빌라 로톤다(110~112쪽 참조)는 완만하게 펼쳐지는 아름다운 전원 풍경과의 조화라는 관점에서 조형되어 있고, 로마의 캄피돌리오 광장의 건축군(109~111쪽 참조)은 도시적인 공간축을 명확하게 의식하고 있다. 바로크에서 도시 공간과의 연관성은 건축 설계상의 중요한 테마가 되었다.

산 카를로 성당

　산 카를로 알레 콰트로 폰타네 성당(로마 1638년~ 보로미니)은 소규모지만 독창적인 작품이다.

　파사드는 산 피에트로나 산타 수잔나보다도 한층 더 조각적이고 약동적인 표현을 갖는다. 기본적으로는 네 개의 원주가 형성하는 오더를 2단으로 포갠 구성이지만, 전체를 지배하는 것은 일렁이는 감각이다.

　원주 자체는 직선상에 있지만, 엔타블라처와 벽이 파형(波形)으로 만곡된다. 특히 엔타블라처는 강한 수평대를 만들어 인상을 결정짓는다. 실제로 하층의 주간은 울퉁불퉁한 기복을 갖는 데 반해, 상층에서는 모든 주간이 오목파게 패여 복잡한 움직임이 탄생했고, 엔타블라처는 그것을 명료하게 보여주고 있다. 각 주간에 삽입된 소 오더의 엔타블라처(109~111쪽 참조. 미켈란젤로가 캄피돌리오에서 발명한 모티브)가 벽면의 만곡을 더욱 명확하게 만들고 있다.

　중앙부는 하층의 볼록한 곡면에 상층의 오목한 곡면을 대응시키는 복잡한 방법으로 강조되었다. 그리고 입구 위에 성 카를로 상(像), 그 위에 양파 모양의 지붕을 얹은 타원통 모양의 창틀, 맨 위에는 타원형의 메다이욘(은. 청동 등의 원반 앞뒤에 부조로 신화적 주제 등을 표현한 대형 메달. 혹은 건축 벽면이나 스테인드글라스에서 볼 수 있는 장식 모티브의 하나-역주)을 배치하여 극적으로 연출했다.

　산 카를로의 내부는 타원형 평면의 장축을 중심축으로 하며 각 축의 방향에 세 개의 제단과 입구를 위한 부차적 볼륨을 갖기 때문에 파사드와 마찬가지로 파도치는 듯한 억양이 탄생했다. 여기서도 엔타블라처의 만곡과 굴절이 공간의 윤곽을 명료하게 나타내고 있다. 엔타블라처 위에서는 반(半)돔과 펜덴티브(곡면 삼각형)가 솟아 중앙의 타원형 돔을 지탱한다. 중심의 랜턴(채광탑)에서 기하학 모양의 격간을 비추며 쏟아지는 빛의 농담이 풍부한 음영을 만들어 공간의 효과를 극적으로 높인다.

산 카를로 알레 콰트로 폰타네 성당 내부 :
일렁이는 엔타블라처

산 카를로 알레 콰트로 폰타네 성당 내부의
타원형 돔 : 랜턴을 통해 들어온 빛에 비친
기하학 모양의 격간

베르니니에 의한 산탄드레아 알 퀴리날
레 성당(로마)의 타원형 돔을 올려다본
모습

산 카를로 알레 콰트로 폰타네 성당 정면 : 전체를 지배하는 것은 일렁이는 감각

각지로 전파

이상과 같이 바로크에도 산타 수잔나처럼 고전적인 성격을 비교적 온존하는 경향과, 산 카를로처럼 격렬한 억양을 동반하는 극적 경향이 존재했다. 이러한 경향은 외국의 바로크를 받아들이는 태도에도 나타났다.

프랑스와 영국은 전자의 경향을 독자적인 형태로 발전시켜, 궁정 건축과 교회당을 중심으로 한층 고전적 성격이 강한 작품을 탄생시켰다. 그리고 마침내 프랑스에서는 궁정의 유락(愉樂)적인 취미를 반영하여, 특히 실내 공간의 표면 장식적인 양식으로 보다 우아하고 섬세한 로코코 양식이 탄생했다.

한편, 열렬한 가톨릭 신앙이 살아 있던 남(南)독일과 스페인에서는 후자의 경향을 더욱 발전시켜 신비하고 환혹적인 종교 공간을 창조했다.

파리의 오텔 데 상발리드(폐병원 1680~1735년) 정면 : 프랑스 바로크의 대표작. 정면은 바로크지만 억제된 고전적 분위기를 보여준다.

런던의 세인트 폴 대성당(1675∼1710년) 정면 : 영국 바로크의 대표작. 프랑스와 마찬가지로 억제된 고전계 분위기를 보여준다.

세인트 폴 정면의
코린트식 쌍기둥

피어첸하일리겐의 순례 성당
(독일 1743년~)
[촬영 : 다키 유이치]

뮌헨의 장크트 요한 네포무크 성당
(독일 1733년~)
[촬영 : 다키 유이치]

오텔 데 상발리드의 돔을
올려다본 모습

돔의 계보

「에워싸기」라는 기능에 포함된 개념에 「덮기」라는 기능이 있다. 이 기능을 표명하는 것은 「지붕」과 「천장」이다.

유럽의 건축사를 바라봤을 때 일본 건축처럼 경사진 지붕을 표현의 주역으로 삼는 건축은 거의 찾을 수 없다. 하지만 유럽 건축에서도 「덮기」는 중요한 표현의 일부를 담당해왔고, 때로는 그것이 표현의 주역이 된 적도 있었다.

「돔」이 그것이다.

본래 「돔(dome)」이라는 말은 라틴어의 「집(domus)」이라는 말을 어원으로 한다. 중세 르네상스를 통해 「집」, 「지붕」, 「하늘 덮기」 등의 의미를 유지하며, 특히 숭배되어야 할 중요 건물에 사용되었다. 현재도 이탈리아어의 도우모(doumo), 독일어의 돔(Dom)이 「대성당」을 의미하는 것은 이 말이 본래의 의미를 잃지 않았기 때문이다.

돔의 기원은 대단히 오래되었는데, 석조 건축이 발달하기 이전인 기원전 7000년경까지 거슬러 올라갈 수 있을 것이다. 조적조의 돔이 크게 발전한 것은 로마 시대가 된 이후다. 그중에서도 로마의 판테온(81~85쪽 참조)은, 브루넬레스키가 피렌체의 대성당(산타 마리아 델 피오레)에 돔을 설치한 15세기까지 세계 최대의 규모를 자랑했다.

그런데 판테온의 돔은 「지붕」이 아니라 「천장」의 표현이다. 즉, 돔의 외관이 아니라 내부 공간에 표현의 주안점이 있다. 외관에서(돔의 추진력을 벽의 체적으로 지탱하기 위해) 돔은 외벽 안에 반쯤 매몰되어 모습을 분명하게 드러내지 않는다.

「지붕」의 표현이 전면에 나타나는 것은 르네상스 이후로, 산타 마리아 델 피오레가 그 시발점이 되었다. 이 돔은 방추형의 윤곽을 분명하게 드러내며 피렌체의 상공 높이 우뚝 솟아 있다. 이 외관이야말로 브루넬레스키의 노림수며, 그것을 실현하기 위해 두께 30cm 각, 길이 3m의 목재 60개를 철 프레임으로 결합한 링이 돔의 토대에 매몰되었다.

이 이후 돔은 「천장」의 표현으로서뿐만 아니라 상공에 우뚝 솟은 「지붕」의 표현으로서 유럽 각지에 세워지게 되어 도시의 스카이라인에 큰 변화를 가져왔다. 로마의 산 피에트로 대성당을 시작으로, 런던의 세인트 폴 대성당이나 파리의 판테온 등이 그 대표적인 예다. 이들 돔은 지붕과 천장을 구조적으로 구별한 이중각(二重殼), 또는 (채광탑을

피렌체 산타 마리아 델 피오레
대성당의 돔

지탱하는 원추각/円錐殼을 사이에 삽입한) 삼중각이 되어 「지붕」으로서의 외관을 주장한다.

이야기를 어원으로 되돌리자면, 돔이라는 말이 상방으로 만곡된 반구(半球)나 방추형의 지붕, 또는 천장을 가리키는 건축 용어로서 사용된 것은 17~18세기의 프랑스와 영국에서였다. 세인트 폴과 판테온의 돔이 런던과 파리의 하늘에 모습을 나타낸 것은 바로 이 무렵이었다. 그 돔들이 사람들의 마음을 강하게 끌어당겼음은 상상하기 어렵지 않다.

파리 판테온의 돔

런던 세인트 폴 대성당의 돔

로마의 산 피에트로 대성당. 미켈란젤로의 돔을 멀리서 본 모습

❺ 신고전주의

이성과 고고학

  18세기는 인간이 스스로의 이성을 신뢰하고, 신의 계시나 종교적 권위로서
가 아니라 이성의 힘으로 세계를 파악하려던 시대다. 따라서 다양한 지적 탐
구가 이루어져 인간과 사회의 마땅한 모습이 추구되었다. 이러한 계몽운동은
17~18세기에 걸쳐 성립된 근대자연과학을 뒷배로 삼아 사물을 합리적으로
이해하려는 이지적 태도를 근저에 갖고 있다.

  건축 분야에서는 고고학적 연구의 성과에 의해 고전고대의 건축 모습이 르
네상스의 사람들이 이해했던 것보다 훨씬 깊고 정확하게 파악되었다. 또한 그
과정에서 로마 건축의 원류로서 그리스 건축에 대한 중요성이 확인되었다. 이
렇듯 건축 형태의 합리적 이해와, 실로 고전고대적인 것에 대한 공명에서 탄
생한 것이 신고전주의 건축이다.

신고전주의 건축의 특징

  18세기에 들어서자 우선 오더의 역사적인 정통성이 확인되어, 결국 원리로
거슬러 올라가 오더의 보다 순수한 용법을 추구하였다.

  이미 설명한 대로 오더의 조형 원리는 엔타블러처와 그것을 지탱하는 원주라
는 구조 방식을 예술적으로 갈고 닦음으로써 탄생한 것이다. 따라서 오더의 용
법이 순수하다는 것은 세부의 형태가 고고학적으로 정확할 뿐만 아니라, 각부의
취급이 그러한 구조 방식의 표현으로서 이치에 맞는다(즉, 합리적이다)는 뜻이다.

  당연한 이야기지만, 순수한 용법은 오더를 탄생시킨 그리스의 신전 건축(및

파리의 판테온 정면 : 신고전주의 최초의 대작

파리의 판테온 내부 : 코린트식의 독립 원주
가 직선적인 엔타블라처를 받아 바로크에는
없는 이지적 분위기를 자아내고 있다.

그것을 모방한 로마의 신전 건축)에 있다. 그 뒤 로마 건축 및 이 이후의 고전계 건축에서는 앞서 설명한 의미로 합리적이지 않은 용법이나 요소가 나타나 조형 어휘로서 이용되었다. 그것들을 아래에 정리해보겠다.

①오더를 부조처럼 벽에 붙이는 방법(로마 이후)

②오더를 위아래로 포개는 방법(로마 이후 : 그리스 건축에도 있지만 신전 외관에서는 볼 수 없다)

③쌍기둥(르네상스 이후)

④대 오더와 소 오더의 병용(후기 르네상스 이후)

⑤팔라디안 모티프

⑥원주의 불균등한 배열(바로크)

⑦필라스터, 2분의 1 원주, 4분의 3 원주, 완전 원주 등의 혼용(바로크)

⑧원주의 앞뒤를 중층화(바로크)

⑨엔타블라처나 페디멘트의 만곡과 굴절(바로크)

나아가 장식적인 부분으로서,

⑩애틱이나 에디큘라의 부가(로마 이후)

⑪궁형의 페디멘트(로마 이후)

등을 꼽을 수 있다.

이들 용법과 요소를 가장 잘 구사한 것은 바로크 건축이며, 신고전주의는 그러한 바로크에 대한 반동이라는 측면을 강하게 지녔다. 그리고 가장 순수한 고전고대의 신전 건축을 이상으로 삼아 전기의 용법과 요소를 가능한 한 배제한 표현을 지향했다.

라 마들레느(파리)의 외관

라 마들레느(파리) 코린트식
오더의 세부

생 쉴피스 성당(파리 1766년~)의 서정면 하부 :
도리스식 오더의 적용례

콩코드 광장(파리 1733년~)의 해군 본부 : 루브르 동쪽 면과 닮은
구성을 갖는다.

프랑스 바로크

그런데 앞서 프랑스와 영국은 이탈리아에서 받아들인 바로크 건축을 보다 「고전적」 성격이 강한 것으로 발전시켰다고 설명했다. 거기서는 「고전적」이라는 말을 상대적인 개념, 즉 이탈리아의 바로크에 비하면 앞서 언급한 용법과 요소가 적다(즉, 합리적이다)는 의미로 사용했다.

여기서 시간을 조금 거슬러 올라가 프랑스 바로크의 대표적인 작품인 루브르 궁전 동측 파사드(파리 1667년~ 페로, 150쪽 참조)를 살펴보자.

이 파사드는 고대의 신전 정면을 신전 측면에 포갠 구성을 갖는 점에서 산 피에트로와 공통되지만, 보다 고대적인 풍격(風格)을 갖추고 있다. 그것은 다음과 같은 「고전적」인 구성에서 오는 것이다. 기둥을 한 쌍으로 이용한 쌍기둥 방법은 고대에는 없지만 ①벽을 뒤로 깊게 후퇴시킴으로써 그 쌍기둥들을 벽에서 독립시키고, ②균등한 간격으로 정연히 늘어세운다. ③오더를 위아래로 포개지 않고, ④애틱을 없애고 엔타블라처와 페디멘트의 윤곽을 명료하게 한다(단, 약간 남은 발러스트레드(고전주의 건축에서 처마와 난간 등 담상태의 건축부재-역주)가 비고전성을 방지한다).

이상의 점이 고전적이다. 덧붙여 열주를 높은 기단 형태의 층에 얹는 방법은 고대 로마의 몇몇 신전을 상기시킨다.

한편 바로크적이라고 해도 좋은 것은, 중앙부와 양단부를 벽으로 삼아 약간 돌출시킨 뒤 열주의 열린 천장(open ceiling)과의 사이에 강한 명암의 대비를 만드는 점, 그리고 이것들의 벽 부분에 있는 기둥을 부주(付柱, 필라스터와 완전 원주를 병용) 삼아 열린 천장의 열주와 중층시키는 점일 것이다.

신고전주의의 탄생

신고전주의의 건축은 루브르의 동측 파사드에서 더욱 철저하게 비고전적인 요소를 배제함으로써 탄생한다. 이를테면 쌍기둥을 단(單)원주로 바꾸고 장식 기둥을 독립 원주 삼아 벽을 후퇴시킨다. 그리고 주열의 중층을 없애고 발러 스트레드를 폐지한다. 또한 높은 기단 형태의 층을 낮은 계단으로 바꾸면 그 리스적인 외관에 가까워진다. 물론 이런 조작들에 걸맞은 비례 전체의 변경이 필요하다.

실제로 신고전주의 건축은 프랑스에서 탄생했지만 그것은 결코 우연이 아니 라, 본래 합리성을 추구하는 정신적 성질이 프랑스에 있었기 때문이다. 그 최초 의 대건축은 파리의 판테온(구 세인트 주느비에브 성당 1755년~ 수플로)이다.

판테온은 십자형 평면을 가지며 교차부에 돔을 얹었다. 이러한 건축은 로마 에도, 그리고 그리스에도 존재하지 않았지만 정연하게 늘어선 코린트식의 독 립 원주와 페디멘트로 이루어진 파사드의 구성, 그리고 돔 기부 드럼(원통 부분) 의 균질한 열주와 엔타블라처에 의한 구성이 고전고대적인 인상을 강조한다. 내부에도 코린트식의 독립 원주가 직선적인 엔타블라처를 받아 바로크에는 없는 이지적인 공간을 만들어낸다.

신고전주의의 전개

19세기 초기의 프랑스는 나폴레옹이 고대 로마에 심취하기도 하여, 호화롭 고 화려한 로마적 요소를 좋아했다. 이를테면 라 마들레느(파리 1806년~)는 독 립 원주만으로 이루어진 고대 신전의 외관(내부는 돔을 설치한다)을 갖지만, 그 거 대함과 기단의 존재 및 코린트식 오더가 로마적인 분위기를 부여한다.

한편 18세기 중기 무렵 이후, 고고학에 의해 그리스 건축의 오더가 명확해

루브르의 건축

1546년부터 공사가 시작된 파리의 루브르 궁전(현 루브르 미술관)에서는 르네상스부터 20세기에 이르기까지 각 시대의 양식을 볼 수 있다.

동측 파사드 전체(1667~74년 페로) : 프랑스 바로크의 대표지만 고전적 풍격을 갖는다.

동측 파사드의 세부 : 기단 형태의 1층 위에 쌍기둥 오더를 얹은 구성은 「라파엘로의 집」 (108쪽 참조)에서 힌트를 얻었다.

중정 북서 부분 : 프랑스 바로크의 특징인 각형 돔을 얹은 시계 파빌리온(1624년~ 르메르시에)과 르네상스 양식의 익옥(翼屋, 좌우사방으로 퍼진 집–역주)(레스코 1546 년~ 디자인)

위와 같은 르네상스 양식의 익옥 부분 : 개선문 모티프를 적용

신관인 리슈류의 파빌리온(1852~57년) : 성기 르네상스, 마니에리슴, 바로크의 세부를 혼합한 역사주의 작품

루이 나폴레옹 광장의 「피라미드」 : 이오밍 페이의 설계에 의해 루브르 미술관 입구로서 1989~93년에 건설되었다.

영국의 신고전주의 건축

신고전주의는 지(知)의 전당, 미(美)의 전당에 걸맞은 양식으로서 박물관이나 미술관에 흔히 이용되었다. 대영박물관은 그 대표다. 또한 영국에서는 고급 집합주택이나 관청 건축의 장대한 파사드에도 적용시켜 독특한 도시 경관을 만들었다.

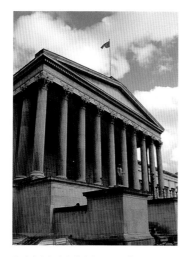

유니버시티 칼리지(런던 1825년~)

세인트 판크라스 성당(런던 1822년~)

캠버랜드 테라스
(런던 1826년~)

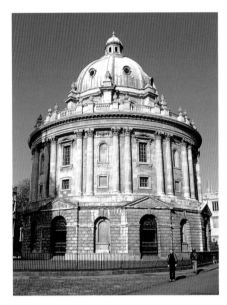

래드클리프 도서관
(옥스포드 1737~49년)

세인트 마틴 인 더 필즈 성당
(런던 1722년~) :
바로 앞은 내셔널 갤러리

파크 크레센트(런던 1812년~)

대영박물관의 그레이트 코트.
유리 지붕은 2000년

대영박물관의 정면 외관

졌고 그것이 로마 건축보다도 순수하다는 인식이 높아지자 영국과 독일은 간소하고 엄격한 그리스 건축을 부흥하는 방향으로 나아갔다. 이 경우, 고고학적인 지식을 정확하게 반영한 그리스 도리스식, 혹은 그리스 이오니아식의 오더를 이용하는 경우가 많았다. 런던의 대영박물관(1823년~ 스마크)이나 베를린의 아르테스 박물관(1824년~ 싱켈)은 그 대표적인 작품이다.

특히 19세기 유럽의 가장 위대한 건축가인 싱켈이 설계한 아르테스 박물관은 정면에만 이오니아식의 열주를 배치하고 양끝을 돌출 벽으로 만든 지극히 심플한 아름다움을 자아낸다.

신고전주의에서는 고고학적 정확함보다도 건축의 원리적인 면에 강한 관심을 가지며, 장식을 없애고 단순한 기하학적 형태를 추구하는 움직임이 보인다 (불레나 르두의 작품 등). 이 움직임은 근대 건축을 선취하는 이상을 포함하고 있었지만, 마침내 다가올 역사주의의 파도에 삼켜져 근대 건축에 직결되는 데는 이르지 못했다.

베를린의 아르테스 박물관(1823년~) : 독일 신고전주의의 명작 [촬영 : 다키 유이치]

파리의 오페라좌 정면 : 샤를 가르니에에 의한 네오 바로크의 걸작. 루브르 궁전 동면. 기원을 더듬어보면 「라파엘로의 집」에서 강한 영향을 받았음을 알 수 있다.

파리의 오페라좌 코린트식 쌍기둥을 올려다본 모습 : 대 오더와 소 오더의 조합은 미켈란젤로의 팔라초 데이 콘세르바토리(109쪽 참조)를 모범으로 삼는다.

역사주의

　바로크 시대까지 고대 로마 건축은 규범이라고 할 만한 유일하고 절대적인 것이었지만, 그리스 건축이 재발견됨에 따라 그러한 가치관이 무너졌고, 한편으로는 낭만주의의 유행에 보조를 맞추며 고딕 건축의 부흥(제3장에서 설명)이 시작되었다. 이렇게 되자 그리스도 로마도 고딕도 이미 이상이라고 할 법한 절대적 양식은 아니게 되었고, 상대적인 가치밖에 가질 수 없었다. 이러한 과거 양식의 상대화는 마침내 르네상스나 바로크를 부흥시켰다. 이렇듯 서구에 한하지 않고(비잔틴과 이집트 등도 포함) 역사적 가치가 정해진 과거의 다양한 양식이 건축 창조에 참조해야 할 원천이 되었다. 이것을 역사주의라고 한다.

오페라좌의 대계단 : 오페라좌는 오랜 세월 동안 세계 최대이자 가장 아름다운 극장으로서 알려졌다.

파리의 오페라좌(1861년 가르니에)는 그 가장 매력적인 작품 중 하나로 네오 바로크의 걸작이다. 여기에는 역사적인 건축 어휘가 많이 이용되고 있다.

이를테면 중후한 하층 위에 쌍기둥을 늘어세운 기본적 구성은 루브르의 동측 파사드에서 유래한다. 하지만 쌍기둥을 독립 원주가 아니라 벽에 고정된 기둥으로 한 동일 구성은, 기원을 더듬어보면 르네상스에서 브라만테의 작품(『라파엘로의 집』, 현존하지 않음)에 다다른다. 양 끝머리를 조금만 돌출시킨 수법도 루브르에서 배웠으며, 바로크의 특징인 주열의 중층을 볼 수 있다.

더욱이 기둥을 대 오더로 삼아 그 사이에 소 오더를 삽입한 방법은 미켈란젤로가 캄피돌리오에서 처음 이용한 수법을 응용한 것이다. 엔타블라처 위의 애틱은 로마적이며, 전체의 덩어리를 다잡고 있다.

한편 오페라좌는 요구되는 복잡한 기능을 지극히 정묘하게 정돈한 평면 계획을 갖는다. 역사주의는, 양식이라는 이른바 과거에서 빌린 것을 건축의 기능에 적용하려는 태도이자, 그 시대 고유의 양식을 잃어버린 결과로 볼 수도 있다.

제3장

중세계 건축의 흐름

❶ 기독교 건축의 시작

게르만인의 등장

그때까지 로마 제국의 동측에 머물렀던 게르만 민족의 일부가 서진해온 훈족에게 밀려 도나우강 국경을 넘어 제국 영내로 대거 침입, 이주한 사건(375년)은 고대와 중세를 나누는 역사적 대사건이었다. 이후 게르만 제족(諸族)은 잇따라 영내에 침입하여 이주를 반복한 뒤 6세기 말경까지 각지에 정착하여 마침내 오늘날의 프랑스와 독일, 그리고 영국으로 이어지는 부족국가를 건설하게 되었다.

이 무렵의 알프스 북측의 유럽(갈리아)은 그들의 고향과 마찬가지로 울창한 밀림에 덮여 있어, 로마인이 건설한 도시나 갈리아인(켈트인)의 집락, 그리고 경작지는 곳곳에 섬처럼 점재했을 뿐이었다. 문자를 갖지 못하고 도시를 알지 못한 채, 자연을 숭배하고 험한 자연환경 속에서 소박한 생활을 보내던 게르만인은 그 도시 주변부에 정주(定住)하여 고도로 세련된 로마 문화와 접촉했다.

그들은 소박하지만 활력이 넘쳤다. 무용(武勇)을 존중하고, 충성심이 깊으며, 순결을 중시하고, 정열이 넘쳤다. 로마와의 접촉은 이 젊은 민족에게 성장에 필요한 많은 양분을 공급했다. 이렇듯 게르만인은 이미 쇠퇴의 길을 걷던 로마를 대신하여 새로운 유럽 세계 형성의 역할을 담당하게 되었다.

다만 로마인과는 전혀 다른 기질과 가치관을 가진 게르만인은 로마 문화의 섭취에 임하기는 했지만 그것에 동화되는 일은 없었다. 그들은 민족적 개성을 결코 잃지 않은 채 수 백 년의 긴 시간에 걸쳐 독자적인 문화를 창조했다.

기독교의 세계

로마인에서 게르만인으로, 지중해에서 알프스 북측으로, 그리고 고대에서 중세로, 문화의 점차적 전환의 징검다리 역할을 한 것은 기독교다.

313년 밀라노의 칙령에 의해 로마 제국에서 기독교가 공인받자 로마 교회는 제국의 제도를 이용하여 조직을 정비·확충하고 영내의 제(諸) 도시에 사교좌를 두어 포교의 핵으로 삼았다.

갈리아의 땅에는 4세기경부터 기독교가 침투하기 시작하여, 5세기에 들어서자 대부분의 부족이 기독교로 개종했다. 그리고 496년에 프랑크 왕 크로비스가 가톨릭으로 개종함에 따라 갈리아는 로마 가톨릭의 조직 속에 편입되었다. 이 이후 유럽은 로마 가톨릭의 권위를 강력한 뒷배로 삼으며 기독교 문화를 서서히 개화시키게 되었다.

이 시대의 사람들이 가장 힘을 쏟은 건축은 말할 것도 없이 교회당이다. 사교좌를 갖는 대성당(사교좌 성당)을 시작으로 교구교회당이나 수도원 교회당 등, 크고 작은 것들을 합치면 수십만에 이르는 교회당이 중세 말까지 지어졌다.

교회당이란 무엇인가

기독교도에게 예수의 책형과 부활은 전 인류의 죄를 짊어지고 희생한 예수가 신으로 받아들여졌음을 의미하며, 이것은 아주 먼 옛날에 잃어버린 인류와 신의 관계가 회복되는 일, 즉 「신의 나라」의 도래가 가까워졌음을 증명하는 것이었다. 따라서 기독교도는 교회를 만들어 예수의 십자가와 기적을 의식으로써 반복함에 따라 신의 나라의 실현에 대비했다. 이 의식을 미사(전례)라고 하며, 미사의 중심이 되는 탁자를 제단이라고 한다.

따라서 제단은 교회당의 핵이 되는 가장 중요한 부분이다. 그리고 신의 나라

교회당은 제단을 위한 건축이다. 망트의 노트르 담 성당(프랑스 1170년경~)의 제단

의 도래를 기하여 제단을 중심으로 한 의식 공간을 바깥세상으로부터 격리하는 일, 그것이 교회당의 본래 역할이다. 이렇듯 교회당은 한 장의 벽에 의해 바깥 세상의 세속적 확대로부터 명확히 가로막혔다.

교회당으로서는 내부 공간이야말로 성역이며, 벽 바깥은 그저 세속이다. 실제로 도시가 과밀해진 고딕 시대에는 교회당의 외벽에 기대어 인가(人家)가 지어지는 일도 드물지 않았다. 고대 그리스에서 신전의 전면에 제단을 두고 그것들을 포함한 외부 공간을 신역(神域)으로 삼은 것에 비하면 지극히 대조적이다.

또한 인간의 모습과 인격을 지닌 신들을 숭배하고, 눈에 보이는 현실 세계의 아름다움을 칭송한 고대 그리스인에 비해, 중세 사람들은 인간을 초월한 절대적 신비=신을 신앙하고 「신의 나라」라는 눈에 보이지 않는 궁극적 실재를 추구했다.

교회당은 바깥 세계로부터 격리된 공간 속에 지상적 경험의 세계를 초월하여 사람들이 대망하는 「신의 나라」를 지시하고 있다.

에워싸기

제1장에서 설명한 대로 그리스 건축이 「지탱하기」의 예술 표현을 추구한 것에 비해, 기독교의 교회당은 「에워싸기」의 공간 표현을 추구했다. 교회당에서 추구한 「에워싸기」의 근본적인 동기가 바깥 세계로부터 성역을 격리시키는 데 있다는 것은 앞선 설명에서 쉽게 이해할 수 있었으리라.

여기서 교회당의 「에워싸기」 형태, 즉 건축의 평면에 대해 설명해두겠다. 교회당은 통상 동서로 긴 장방형의 평면을 가지며, 서측의 끝머리에 교회당으로 가는 입구(비구/扉口라고 한다)가 자리한다. 특히 이 서측 정면을 서정면(西正面)이라고 한다.

내부는 신랑(身廊)이라고 불리는 폭넓은 중앙 부분과, 그 양측의 측랑이라고 불리는 폭이 좁은 부분으로 이루어졌으며, 신랑과 측랑은 열주로 나뉜다. 신

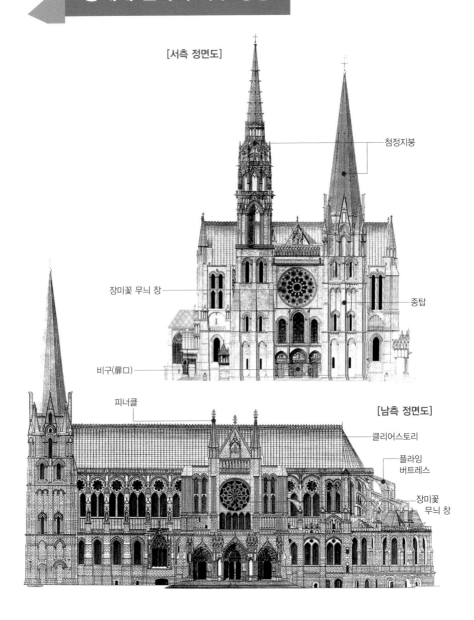

[서측 정면도]

첨정지붕

장미꽃 무늬 창

종탑

비구(扉口)

피너클

[남측 정면도]

클리어스토리

플라잉 버트레스

장미꽃 무늬 창

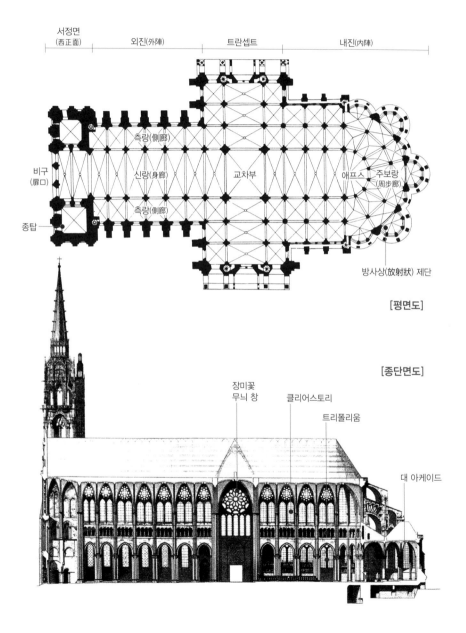

서정면
(西正面)

외진(外陣)

트란셉트

내진(內陣)

측랑(側廊)

신랑(身廊)

교차부

애프스

주보랑
(周步廊)

비구
(扉口)

측랑(側廊)

종탑

방사상(放射狀) 제단

[평면도]

[종단면도]

장미꽃
무늬 창

클리어스토리

트리폴리움

대 아케이드

167

랑은 측랑보다 천장이 높고, 열주의 상방에는 벽(신랑벽)이 서 있다. 이 벽의 상부에 아치형의 창문을 내 신랑의 채광을 확보한다. 이 창문을 클리어스토리(고창/高窓)라고 한다.

신랑의 동측 끝머리는 통상 애프스라고 불리는 반원형의 오목한 모양으로 마무리된다.

초기에는 애프스에 성직자석을 배치하고 그 전면에 제단(주/主 제단이라고 한다)을 두었지만, 후에 성직자석과 주 제단의 위치는 교체되었다. 애프스와 주 제단을 포함한 동측 부분은 성직자의 전용 공간, 즉 내진(內陣)이 되어 일반 신도에게 개방된 서측 외진(外陣)과 구별되었다.

내진과 외진 사이의 신랑과 직교(直交)한 짧은 복도를 트란셉트(수랑/袖廊)라고 하며, 트란셉트와 신랑이 교차되는 부분을 교차부(외진에 포함된 경우가 많다)라고 한다. 따라서 트란셉트를 가진 교회당의 평면은 서측에 긴 팔을 갖는 라틴 십자형이 된다.

또한 기독교 공인 직후의 교회당에서는 예배 형식이 정해져 있지 않아 로마의 구(舊) 산 피에트로 대성당처럼 서측에 애프스를, 동측에 입구를 둔 교회당도 존재했지만, 6세기에는 동측에 애프스를 둔 배치가 정식이 되었다. 참고로 오리엔테이션(정위/定位)이라는 말은 교회당의 건립에 즈음하여 그 방위(입구에서 내진으로 향하는 중심축)를 동쪽으로 정한 것에서 유래되었다.

이상과 같이 신랑과 측랑이 만드는 세로로 긴 평면의 교회당 형식을 (트란셉터의 유무와 관계없이) 바실리카식이라고 부른다. 바실리카란, 본래 로마 시대에 회의나 재판 등에 사용된 집회용 건물을 말하는데, 이 형식이 그대로 교회당에 전용(轉用)되었다고 생각할 수 있다.

바실리카식과 달리 원형이나 팔각형 등 유심적(有芯的)인 평면을 갖는 형식은 집중식이라고 부른다. 이 형식은 세례당 등에서는 자주 이용되었지만 참석한 많은 신도와 성직자가 제단을 끼고 대면하는 미사의 형태에 적합하지 않아 교회당의 형식으로서는 예배당 등에서 소수의 예만 볼 수 있다.

제단을 중심으로 한 의식 공간을 바깥 세계로부터 격리하는 일이 교회당의 본래적 역할이다. 망트의 노트르 담 성당. 내진에서 제단을 끼고 서측을 바라본 모습

단, 르네상스 시대에는 신이 내재하는 우주와 그 반영인 인간의 완전성을 나타내기 위해 이 형식의 교회당이 열렬히 추구되었다. 미켈란젤로의 산 피에트로가 그 대표지만 미사에 적합하지 않아 완성 후에 외진이 보태진 것은 제2장에서 확인한 대로다.

이외에도 그 대부분은 소규모로 한정되지만 신랑을 갖지 않는 단랑식(單廊式) 교회당(바실리카식은 통상 포함시키지 않는다)도 다수 세워졌다. 또한 측랑과 신랑의 천장 높이가 거의 같은 교회당의 형식을 홀식이라고 한다. 이 형식은 프랑스 서남부의 로마네스크 교회당 등에서 볼 수 있으며, 독일에서는 후기 고딕의 기본적인 형식이 되었다.

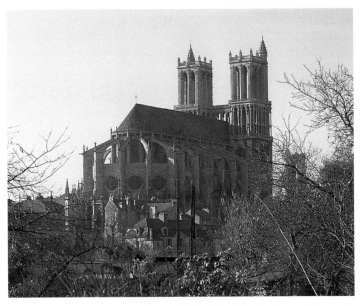

교회당의 외관은 내부 공간을 바깥 세계로부터 격리하는 에워싸기 형태를 나타내고 있다. 망트의 노트르 담 성당

산타 마리아 마조레 성당(로마) : 이오니아식 원주가 엔타블라처를 지탱한다.

내부와 외부

교회당은 에워싸인 내부 공간에 중요한 기능과 의미가 있기 때문에 당연히
표현의 주안은 내부에 있다. 외부는 어디까지나 내부 공간 표현의 결과로서

조형된 것에 지나지 않는다. 이 점도 그리스 건축이 바깥에서 바라보기 위한 조형을 예술적으로 승화시킨 것과 크게 다른 점이다.

단, 「신의 나라」로의 진로를 나타내는 비구는 중요하며, 비구를 포함한 서정면은 독립된 외부 표현으로서 중시되었다. 또한 뒤에서 언급할 테지만, 얼핏 복잡하게 보이는 고딕 건축의 외관도 내부의 공간 표현을 실현하기 위한 구조적 장치를 바깥으로 노출한 결과이다.

내부 공간 중에서도 특히 중요한 것은, 미사가 집행되고 신도가 참석하는 신랑이다. 특히 신랑의 공간 한계를 만드는 신랑벽(이하, 열주 상방의 벽뿐만 아니라 열주의 구역도 포함하여 신랑벽이라고 부른다)은 그 조형적 결과에 따라 공간의 특질을 결정하는 대단히 중요한 부분이다.

이 신랑벽의 변천이 본장의 중심 과제가 된다.

산타 마리아 인 트라스테베레 성당(로마 12세기에 재건) : 다양한 종류의 주두와 두께가 다른 원주는 이것들이 전용재(轉用材)임을 나타내고 있다.

오더의 붕괴

4세기에 기독교가 공인되자 각지에 일제히 교회당이 세워지기 시작했다. 그 이전인 3세기부터 6세기까지, 시대적으로 말하자면 고대 말기에 속하며 로마 건축의 연장선상에 있는 그들 무리의 건축을 초기 기독교 건축이라고 한다.

로마의 산타 마리아 마조레 성당(432년)은 당시의 모습을 전하는 몇 안 되는

산타 사비나 성당(로마 5세기) : 코린트식 원주가 아치를 지탱한다.

작례(作例) 중 하나다. 신랑과 측랑을 나누는 이오니아식 열주는 수평한 엔타블라처를 지탱하며, 그 위의 벽은 코린트식 필라스터에 의해 분할된다. 필라스터는 동일한 윤곽을 갖는 클리어스토리와 맹창(盲窓. 당초에는 클리어스토리였다)을 교대로 내접시켜 그것들의 위치와 크기를 규정하고 있다.

클리어스토리 아래의 요벽(腰壁)과 애프스 전면의 개선문(Triumphal Arch)이라 불리는 아치에는 성서의 장면을 그린 당시의 모자이크화가 남아 있다. 대리석의 원주나 엔타블라처나 필라스터는 그 모자이크와 함께 밝고 화려한 분위기를 자아내고, 오더를 2단으로 포갠 신랑 입면 속에 고전적인 균형을 지니며 정돈되어 있다.

하지만 이 무렵의 다른 교회당에서는 고전 조형의 요소인 오더의 원리가 사라져 가는 경향이 나타났다. 오더의 대원칙으로 보자면 원주가 지탱하지 않으면 안 되는 것은 엔타블라처이며, 원주가 엔타블라처 대신에 아치를 지탱한다는 것은 본래 말도 안 되는 이야기다. 하지만 4세기에는 이 원칙이 무너지기 시작했다.

구 산 피에트로 대성당(330년경)은 16~17세기에 미켈란젤로의 돔과 마데르노의 외진이 바꿔 놓이는 바람에 현존하지 않지만, 6세기의 회화 사료에 의하면 신랑의 열주는 엔타블라처를 지탱하고 있었다. 하지만 내측의 측랑과 그 외측에 있는 또 하나의 측랑을 가르는 열주는 아치를 지탱했다.

즉, 신랑에 면한 주요 부분으로 오더의 원칙은 유지되었지만 2차적인 곳에서는 이미 원칙을 무시하기 시작하였다.

더욱이 로마의 산 파올로 푸오리 레 무라(384년)는 산타 마리아 마조레보다도 이른 연대의 교회당이지만, 신랑에 면한 주요 부분의 열주가 엔타블라처가 아닌 아치를 지탱한다.

이처럼 4세기에서 5세기에 걸쳐 오더의 대원칙이 무너지기 시작하여, 이후 점차 열주는 아치를 지탱하는 것이 일반적이게 되었다.

아치를 지탱하는 열주를 아케이드라고 하며, 특히 교회당 건축에서는 신랑에 면한 지상 측의 아케이드를 대 아케이드라고 부른다. 중세 건축에서 아케이드는 신랑벽을 구성하는 중요한 요소가 되었고, 오더를 대신하여 아치가 벽면 조형의 주역이 되었다.

하지만 왜 엔타블라처를 포기했을까? 다음 항목에서 생각해보자.

산타 코스탄차 성당(로마 4세기 전반) : 초기 기독교의 대표적인 집중식 세례당. 블록화된 엔타블라처 위에 아치가 서 있다.

175

엔타블라처에서 아치로

엔타블라처는 기둥과 기둥 사이에 커다란 하나의 돌(모놀리스라고 한다)을 놓아 만들어진다. 이러한 커다란 석재를 잘라내어 운반하고 가공하려면 많은 노력과 기술이 필요하다. 그 노력과 기술이 고대 말기에는 이미 사라지고 있었다.

독립 원주도 모놀리스로 만들어진 것이 많았지만, 제국 영내의 곳곳에는 이미 가공된 것이 있었다. 원주는 도시의 쇠퇴로 방치된 건물에서 분해하여 옮기면 되었다. 실제로 로마 시대 말기에는 건축 석재의 전용이 원주에 한하지 않고 흔하게 이루어진 모양이다.

원주는 다소 가지런하지 않은 두께를 무시한다면, 복수의 건물에서 가져온 것이라도 길이를 잘라 정돈하거나 페데스탈을 삽입하여 높이를 맞추는 것만으로 쉽게 전용되었다. 하지만 엔타블라처는 신랑의 전장(全長)에 따라 디자인이 통일되지 않으면 보기 좋지 않아, 전용은 원주보다도 어려웠을 것이라 생각된다.

더구나 제2장에서 설명했듯 엔타블라처는 본래 석조 건축의 구조로서는 불리한 방식이다. 그 위에 벽을 얹는 교회당의 경우에는 커다란 하중을 받게 되어 이 불리함은 더욱 증폭된다. 즉, 석조 건축의 실제적인 관점으로 보자면, 아치는 엔타블라처보다도 훨씬 더 우수하다. 이렇듯 엔타블라처는 점차 아치로 대체되었다.

물론 이러한 실제적인 사정만 존재한 것은 아니었다. 비례와 조화의 이념에 근거한 고전적인 미적 가치관 그 자체가 고대적 로마 문화의 쇠퇴와 그것을 대신하는 기독교적 신비주의의 성장 속에서 점차 사라져 갔다. 그러한 가치관의 변화가 엔타블라처의 폐지를 허용한 것이다.

구 산 피에트로 대성당의 내관도 : 신랑의 열주는 엔타블라처를 지탱하지만, 측랑의 열주는 아치를 지탱한다.

산 파올로 푸오리 레 무라 성당(로마)의 복원 내관도 : 신랑의 열주가 지탱하는 것은 아치

② 로마네스크 건축

원주에서 피어로

6세기 이후, 건설 기술은 저하 일로를 걸었다. 고전적 교양이 있는 건축가와 기술에 뛰어난 장인은 점차 모습을 감추고, 로마 시대의 채석장은 생산을 정지했다. 건설 공사 중에서 가장 노력을 요하는 것은 석재의 운반이었기 때문에, 되도록 그 지역에서 생산되는 석재(석회암과 응회암과 사암 등), 그것도 비교적 작은 석재를 이용하여 건물을 세우는 것이 보통이었다(물론 소규모의 목조 교회당도 많이 지어졌다고 추정되지만 유구/遺構가 남아 있지 않아 자세한 내용은 불명확하다).

이렇듯 중세 초기에는 건축 공사 전반이 영세화되어 교회당을 재건할 필요

아헨의 궁정 예배당(독일).
현존하는 소수의 카롤링거 왕조 건축 중 하나

가 있는 경우에는 규모를 축소하여 세우는 것이 당연할 정도였다.

기술과 경제가 쇠퇴한 이런 상황 아래, 커다란 하나의 돌에서 정확하게 잘라낼 필요가 있는 고전적 원주(円柱)는 다수의 교회당에서 원해도 얻을 수 없는 그림의 떡이 되었다. 그래서 원주 대신에 이용된 것이 작은 석재를 조합하여 만든(즉, 조적조의) 사각 피어다. 말하자면, 벽에 아치형의 연속 개구(開口)를 뚫은 뒤 남은 단순한 지주(支柱)다.

카롤링거 왕조 건축의 분위기를 남긴 힐데스 하임의 장크트 미하엘 성당
(독일 1010~33년) [촬영 : 다키 유이치]

카롤링거 왕조의 건축

하지만 이러한 변화가 각지에서 일률적으로 진행된 것은 아니다. 이탈리아에서는 고대의 영향이 중세를 통해 잔존하여, 원주는 국지적으로 이용되었다. 또한 다른 지방에서도 원주에 대한 동경은 고대 이래 뿌리 깊게 남아 틈틈이 채용되었다. 이를테면 카롤링거 왕조의 건축이 그것을 보여준다.

프랑크 왕국을 서유럽의 거의 전역에 걸친 대제국으로까지 확대한 샤를마뉴(칼 대제)는 고대 로마의 재흥을 노리고 학문과 예술의 진흥에 힘썼다. 이것을 카롤링거 왕조 르네상스라고 하는데, 이 시기의 현존하는 몇 안 되는 유구 중에 아헨의 궁정 예배당(798년~)이 있다.

집중식의 팔각당으로 3층의 내부 입면을 가지며, 전면적으로 대리석을 붙였다. 각 층 모두 아케이드를 지탱하는 것은 피어지만, 제2층과 제3층의 아케이드는 대리석의 원주로 세분되었다. 고대적인 원주와 대리석은 이탈리아에서 운반된 것이다. 또한 로마의 산 피에트로에서 배워 세워졌다는 풀다 수도원 교회당(당시의 신랑은 현존하지 않는다)에서는 아케이드의 지주가 모두 원주였다.

개구부를 뚫었을 뿐인 단순한 벽면에서
로마네스크 건축의 분절이 시작되었다 :
류이의 성당(프랑스 11세기)

개구부에는 벽의 두께가 그대로 나타나 있고 벽의 볼륨은 명백하다 : 비뇰리의 성당(프랑스 1005년경)

벽면 분절의 시작

    원주의 일시적인 부활과 국지적인 지속 사용은 있었지만, 외적에 의해 유럽이 재차 피폐해진 10세기경에 원주에서 피어로의 전환은 거의 완료된 것으로 보인다. 말이 좋아 전환이지 로마 건축에서 오더와 화장재(化粧材)를 제거한 뒤에 남은, 벌거벗은 벽에 지나지 않는다(180쪽 류이의 성당 참조). 고전 건축의 개념으로 보자면 미학을 지니지 않는 단순한 구조물로 퇴보한 것이다.

    하지만 이 원초적인 조적조의 벽이 중세 건축의 진정한 출발점이 되었다.

베로나의 산 체노 성당(북이탈리아 1125년~) : 대 아케이드에 원주를 이용한 2층 구성의 단순한 신랑벽면. 천장은 목조

교회당에 필요한 최소한의 요소, 즉 대 아케이드와 클리어스토리를 만들었을 뿐인 장식 없이 평활한 벽, 여기에서 중세 건축의 조형은 시작되었다.

로마 건축은 이러한 벽에 오더나 엔타블라처나 대리석의 화장판(板) 등, 말하자면 외장을 붙여 조형했지만, 중세 건축은 벽 그 자체를 조소적(彫塑的)으로 다루는 방향으로 나아갔다. 즉, 벽을 깎고 뚫고 부풀렸다. 이것이 중세 건축의 조형 방향이다. 이러한 방법으로 벽면에 마디를 생성하는 것을 분절이라고 한다.

벽면 분절의 개시와, 아케이드 지주의 원주에서 피어로의 전환이 무관하다

파레 르 모니아르 성당(프랑스 중부 12세기 초기) : 터널 볼트 를 설치한 3층 구성의 신랑

183

고는 생각되지 않는다. 왜냐하면 이 전환으로 신랑벽은 바닥에서 천장까지가 연속된 일체의 벽이 되어 조소적으로 다룰 수 있는 단순한 상태가 되었다고 볼 수 있기 때문이다.

아를의 생 트로핌 성당(프랑스 남부 1150년경) : 터널 볼트를 설치한 단순한 2층 구성의 신랑 [촬영 : 니시다 마사쓰구]

툴루즈의 생 세르낭 성당(프랑스 서남부 1080년경~) : 대 아케이드와 트리뷴의 2층 구성. 터널 볼트를 설치했다 [촬영 : 니시다 마사쓰구]

벽면 분절의 요소

여기서 신랑벽면을 분절하는 다양한 요소를 정리해두고자 한다. 이 벽면 분절의 상태와, 후술할 볼트 형태의 조형적 통합이 각지에 성립된 다양한 로마네스크 양식의 제(諸) 특징이 되기 때문이다. 벽면 분절 요소는 크게, ①개구 요소 및 ②벽면과 개구 요소를 분할하고 둘러치는 선적(線的) 요소로 나눌 수 있다. 순서대로 설명하겠다.

아케이드와 클리어스토리도 개구 요소지만, 이것에 새로운 요소가 첨가된다. 아케이드와 클리어스토리 사이의 벽은 한쪽으로 경사진 지붕을 설치한 측랑 지붕 뒤에 대응한다. 로마네스크 시대가 되면 이 부분에 트리폴리움이라고 불리는 소 아치열을 붙이는 모습이 나타난다. 고딕 시대에 트리폴리움은 아케이드가 되어 뒤쪽을 벽 내 통로로 삼지만, 로마네스크 시대에는 맹(盲)아치가 단순한 개구로 유지되었다.

측랑을 2층 건물로 지었을 때 계단 위에 있는 복도를 트리뷴이라고 한다. 로마네스크에서는 트리폴리움보다도 오히려 트리뷴의 발달이 벽면 구성에 큰 변화를 초래했다. 트리뷴은 측랑과 마찬가지로 신랑에 면하여 아케이드의 개구를 가지며, 그것들의 개구부는 측랑보다 작게 분할되는 경우가 많다.

트리뷴의 상방에 트리폴리움이 있는 경우에 신랑 입면은 4층 구성이 되지만, 로마네스크에서는 그러한 구성을 좀처럼 볼 수 없다(초기 고딕에서 많이 볼 수 있다). 또한 클리어스토리를 갖지 않으며 대 아케이드와 트리뷴만으로 이루어진 한 무리의 교회당이 서남 프랑스를 중심으로 세워졌다. 게다가 트리뷴의 의식상 용도는 불명확하다.

벽면을 피어의 위치에 따라 세로로 분할한 요소로는 필라스터와 샤프트가 있다. 필라스터는 편개주(片蓋柱)라고 해석되는 평평한 장방형 단면의 부재로, 주두와 주초를 갖지만(갖지 않는 경우는 도즈렛이라고 한다), 고전 건축의 필라스터와 달리 현저하게 얇고 길다. 샤프트는 반원형 또는 반원형에 가까운 단면의 얇고 긴 부재로, 통상 주두와 주초를 가지며 뒤쪽에 도즈렛을 동반하는 경우도 많다. 개구 요소가 조소적으로 벽을 뚫는 요소라고 한다면, 이것들은 벽을 부풀리는 요소다.

　분절하는 하나의 방법으로서 개구 요소인 아치를 윤곽에 따라 단상에 움파는 일이 자주 이루어졌다. 이때, 볼록하게 돌출된 아치를 받기 위해 반원형의 기둥이 벽에 붙여졌는데, 이것을 리스폰드(일체형 기둥)라고 한다. 트리뷴이나

트리뷴

리스폰드

클레르몽 페랑의 노트르 담 뒤 포르 성당 (프랑스 중부 1110년경) : 트리뷴을 삽입한 2층 구성의 신랑벽면. 대 아케이드의 아치를 받기 위해 리스폰드가 붙여졌다. 천장은 터널 볼트

클리어스토리

리스폰드

트리뷴

소 원주

샤프트

리스폰드

느베르의 생테티엔 성당(프랑스 중부 1063년~) : 트리뷴의 삽입, 대 아케이드 아치의 이중화와 리스
폰드의 사용, 터널 볼트의 횡단 아치를 받는 샤프트의 부가에 의해 신랑벽면이 분절되었다.

트리폴리움은 리스폰드와 반대를 이루는 소 원주 및 그것들이 지탱하는 소 아치로 세분된 것도 많다.

분절이 진행되면 벽을 뚫거나 움팠을 때 생기는 직각의 에지(edge)가 둥그스름한 선적 요소로 둘러쳐지게 된다. 즉, 아치의 에지에는 고형(刳形, 건축의 부분이나 부재 등의 윤곽을 강조하기 위해 동일단면에서 가늘고 길며 경미하게 기복/起代하는 장식-역주)이 가공되고, 벽의 에지에는 그 고형을 받아들이기 위한 2차적 샤프트나 리스폰드가 붙게 된다.

이렇게 피어는 필라스터나 샤프트, 리스폰드 등과 합쳐져 복잡한 단면을 형성한다.

볼트와 벽면 분절

초기 기독교의 교회당은 천장을 목조 노출 구조로 짓는 것이 보통이었지만 로마네스크에서는 벽면 분절과 병행하여 석조 천장을 설치하는 시험이 열심히 행해졌다. 이 시험에 의해 바깥 세계에서 격리된 「에워싸기」 감각은 보다 완전한 것이 되었다. 또한 석조 천장을 비로부터 보호하기 위해 천장 위에 목조로 된 경사 지붕이 설치되었다(지붕면에는 납판을 얹었다).

가장 단순하고 빈번하게 행해진 석조 천장은 반원통 모양의 터널 볼트로, 특히 프랑스 중부와 남부에서 스페인에 걸쳐 흔히 볼 수 있다. 또한 반원통 모양을 교차시켜 생긴 형상의 볼트도 이용되었다. 이 볼트를 교차 볼트라고 한다.

단, 중세에서는 교차 능선을 타원형으로 만들지 못하고 반원형으로 만들었기 때문에 중앙이 솟아오른 형상이 되었다. 나아가 12세기 초기에 교차 볼트의 능선에(일종의 분절 요소다) 리브를 붙인 교차 볼트가 나타났다. 이들 교차계(系) 볼트는 독일의 라인강 유역에서 북이탈리아 일부에 걸쳐 흔히 나타난다.

터널 볼트도 교차계 볼트도 천장을 횡단하는 아치에 의해 보강되는 것이 보

밀라노의 산탐브로지오 성당(북이탈리아 11세기 말~) : 트리뷴을 갖는 2층 구성의 신랑벽면. 교차 리브 볼트와 그것을 받는 샤프트 다발에 의해 분절된다.

통이다. 이 횡단 아치를 받기 위해 필라스터 또는 샤프트가 벽면에 붙여진다. 따라서 이들 교회당에 대해서는 볼트 가구(架構)가 벽면 분절을 촉진했다고 볼 수도 있을 것이다. 하지만 이 인과관계를 전체에 적용시킬 수는 없다. 볼트 가구와 벽면 분절에 관한 다음과 같은 사실이 그것을 말해준다.

남쪽의 터널 볼트 지대와 북쪽의 교차계 볼트 지대에 끼인 프랑스 북부와 영국은 볼트 가구에 소극적이어서 오랫동안 목조 천장을 고집했다.

하지만 로마네스크 시대에 벽면 분절을 가장 발달시켜 고딕 건축의 발생에 커다란 영향을 미친 것은 이 지역의 서쪽 절반, 즉 노르망디와 앵글로 노르만이었다. 이 지방에서는 앞서 설명한 분절 요소를 모두 볼 수 있다. 그리고 벽면 분절이 거의 완료된 뒤인 12세기 초기 이후부터 교차 리브 볼트가 도입되었다. 교차 리브 볼트는 이미 샤프트에 의해 분절된 벽면에 아주 적합했다.

여기서 타 지역의 벽면 분절 정도를 대략적으로 평가한다면, 터널 볼트 지대는 중간 정도의 발달, 교차계 볼트 지대 중 라인강 유역은 거의 미발달, 북이탈리아의 일부는 터널 볼트 지대와 비슷한 정도? 라인강 유역이 거의 미발달인 것은 카롤링거 왕조 건축의 영향이 강하게 남았기 때문이라고 생각된다.

또한 원주를 온존한 중부 이탈리아는 중세에 걸쳐 볼트 가구에 미적지근했으며 벽면 분절에도 소극적이었다. 단, 피사 대성당은 이 지방에서는 보기 드문 3층 구성의 신랑 입면을 가졌으며, 색대리석을 사용하여 밝고 화려한 분위기를 자아내고 있다. 하지만 대 아케이드 전체와 트리뷴 일부에는 고대적인 원주가 사용되어 상부의 벽면은 기복을 억제하고 평활함을 유지했다. 15세기가 되어 이 지역에서 르네상스 건축이 시작된 것은 결코 우연이 아니다.

한편 목조 천장 지대의 동쪽 절반, 즉 노르망디의 동쪽에 인접한 지방은 어땠을까? 일 드 프랑스라 불린 이 지방에서는 벽면 분절도 발달하지 않았다. 요컨대 11세기 당시, 이 지방은 양식적으로 가장 뒤쳐져 있었다. 그런데 12세기에 들어서자 갑자기 창조력을 발휘하기 시작했다. 그리고 12세기 중반경에 고딕 건축을 탄생시켜, 이후 한 세기 동안 양식 혁신의 중심이 되었다. 어떻게 된 일일까? 그것은 뒤에서 설명하도록 하겠다.

마리아 라아흐 수도원 성당(독일의 라인강 유역 11세기 말~) : 2층 구성의 단순한 신랑벽면. 교차 볼트의 횡단 아치를 받는 샤프트와 도즈렛에 의해 분절된다.

교차 볼트

횡단 아치

도즈렛

샤프트

슈바이어 대성당(독일의 라인강 유역 11세기 말) : 2층 구성의 신랑벽면. 교차 볼트를 받는
샤프트와 도즈렛에 의해 분절된다.

일리 대성당(1083년~) : 영국의 대표적인 로마네스크 성당. 노르망디 지방과 함께 진도(進度) 높은 벽면 분절을 보여준다. 천장은 목조

칸의 생테티엔 성당(1064년경~) : 프랑스 노르망디 지방의 대표적인 로마네스크 성당. 트리뷴을 갖는 3층 구성의 신랑벽면. 대 아케이드와 트리뷴으로 아치의 이중화, 리스폰드의 사용, 클리어스토리 전면에 벽 내 통로 삽입, 횡단 아치를 받는 샤프트와 도즈렛의 부가 등. 진도 높은 벽면 분절을 보여준다. 당초에는 목조 천장. 리브 볼트는 후에 부가

불리의 성당(12세기 초기) : 일 드 프랑스의 고딕 직전의 교회당. 단순한 2층 구성의 신랑벽면. 교차 리브 볼트와 이것을 받는 복수의 샤프트와 리스폰드에 의한 벽면 분절이 특징

193

피사 대성당(1063년~)

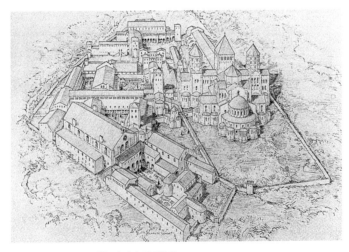

코난에 의한 크루니 수도원(프랑스)의 전체 복원도

수도원의 역할

로마네스크 건축 창조의 추진력이 된 것은 수도원이다.

수도원은 청빈과 정숙과 복종의 맹세를 한 수도사가 집단생활을 하며 노동과 성무(聖務)에 힘쓰면서 기독교적 인격의 완성을 지향하는 곳이다. 이곳은 고대 세계 몰락 후의 암흑 속에서 고전 문화의 유산을 홀로 계승하며 학예를 유지해왔다.

또한 자급자족 공동체로서 황무지나 밀림을 개간하고, 농업 기술의 개량과 보급에 진력했다. 농장을 경영함과 동시에 생활에 필요한 다양한 물자를 생산하고 잉여물자를 사회에 공급했다. 순례에 숙소를 제공하고, 가난한 자에게는 침소와 식사를 주었으며, 병자를 수용하여 치료했다(사실 병원의 기원은 중세의 수도원이다).

수도사는 스스로가 농민이나 장인, 기술자나 의사, 혹은 교사 등의 전문가가 되어 일하며 공동체를 유지했다. 교회당을 시작으로 한 제(諸) 시설을 설계하고 공사를 감독한 것도 수도사들이었다. 학문이나 문예에 힘쓰는 이도 많았다. 실제로 수도원은 오늘날에도 남아 있는 다양한 종류의 라틴 문학을 보유했다고 전해진다. 수도사들은 그것을 옮겨 적어 후세에 전했다. 비트루비우스의 『건축서』가 중세를 살아남아 르네상스 시대까지 전해질 수 있었던 것도 수도원 덕분이다.

수도원은 중세에서 가장 선진적인 생산 조직이자 학문과 예술의 중심이었다. 이러한 수도원이 도시뿐만 아니라 세속을 벗어난 벌판이나 산지에, 그리고 변두리에까지 지어졌다. 10세기경의 유럽에는 제법 규모가 있는 수도원이 이미 1200곳은 존재했다고 한다. 유럽 각지에서 볼 수 있는 지방색이 풍부한 로마네스크 건축은 이들 수도원의 존재 없이는 생각할 수 없다.

프랑스의 퐁트네 수도원(1139년~) : 로마네스크 건축 창조의 추진력이 된 것은 유럽의 구석구석에까지 뿌리 내린 수
도원이다.

퐁트네 수도원의 회랑 : 회랑은 수도사들의 집단적 신앙생활의 중심이 되었다.

column

로마네스크 건축의 다양한 외관

이탈리아에는 심플한 외관이 많지만, 독일이나 프랑스에서는 채광탑이나 종탑, 계단 탑을 붙여 외관에 변화를 주려는 경향을 볼 수 있다.

퐁트네 수도원 성당(프랑스 1139년~)의 서정면

클레르몽 페랑의 노트르 담 뒤 포르 성당
(프랑스)의 서정면

베로나의 산 체노 성당(이탈리아)의
서정면

column

마리아 라아흐 수도원 성당(독일)의 서정면

이수아르의 생 폴 성당(프랑스 1130년경~)의
동측 외관

칸의 생 니콜라 성당(프랑스 1060년경~)의 서정면

피사의 산 피에로 아 그라도 성당 동측 애프스

슈파이어 대성당(독일)의
남측 외관

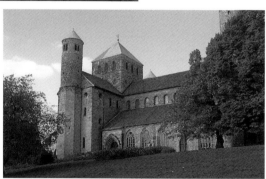

힐데스하임의 장크트 미하엘 성당
(독일) 남측 외관

피사 대성당의 서측 전경

column

| 로마네스크 건축의 세부

마리아 라아흐 수도원 성당. 서측 회랑 입구의 조각

마인츠 대성당(독일 12세기 후반). 비구의 조각

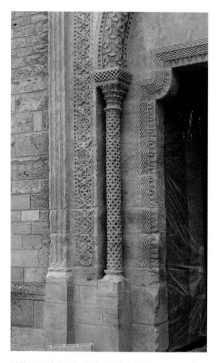

파레 르 모니아르의 성당(프랑스). 서정면 비구의 조각

밀라노의 산탐브로지오 성당. 앞뜰 회랑 아케이드의 주두

column

파레 르 모니아르의 성당. 나르테크스
(현관 사이) 지주의 주두

리볼타 다다의 성당(이탈리아
1100년경). 서정면 포티코(열
주랑/列柱廊-역주)의 조각

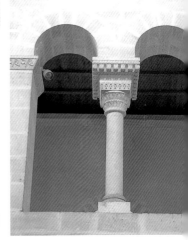

비놀리의 성당. 신랑 트리뷴의
소 원주

클레르몽 페랑의 노트르 담 뒤 포르 성당.
남측 외벽의 주두

퐁트네 수도원 성당.
회랑의 아치를 받는 리스폰드

❸고딕 건축

수도원에서 대성당으로

수도원의 커다란 노력에 의해 농업 기술의 개량이 진행된 결과, 잉여 식량과 인구가 발생했다. 잉여 식량은 상업을 활성화시켰고 잉여 인구가 도시에 유입되었다. 이렇게 도시는 상인과 장인 등 다양한 노동자를 흡수하여 급성장을 이루게 되었다.

한편 파리를 중심으로 한 반경 약 100~150㎞ 지역, 즉 일 드 프랑스를 고유의 영토로 삼는 프랑스 왕가는 그때까지 내외의 봉건세력에 저지되어 실력을 발휘할 수 없었다.

그런데 12세기에 들어서자 급속히 힘을 뻗어, 마침내 프랑스 전 영토로 왕권을 확장하게 되었다. 발흥하던 왕령 내외의 제(諸) 도시를 보호하에 두고 화폐 경제를 장악한 점이 그것을 가능케 한 요인이라고 판단된다. 파리는 인구 10만을 거느린 알프스 이북에서 최대의 도시로 성장했고, 프랑스는 유럽에서 가장 강력한 국가가 되었다.

이러한 역사적 상황 속에서 도시의 중심에 있으면서도 줄곧 적은 규모에 지나지 않던 대성당을 개축하는 공사를 일 드 프랑스의 여기저기서 볼 수 있게 되었다. 새롭게 변모하기 시작한 그 대성당들은 어느 지방의 로마네스크 건축에서도 볼 수 없던 혁신적 표현을 지녔다. 당시의 사람들이 「프랑스식」이라고 부른 이 양식을 우리는 「고딕」이라고 부른다.

중세 문화의 발전에 커다란 역할을 한 수도원은, 두말할 나위 없이 고명한 성직자를 배출했지만 그중에서도 한 사람, 생 드니 수도원장인 쉬제르는 건축사상 특히 중요하다.

파리 근교에 위치한 생 드니 수도원은 프랑스 왕가의 비호를 받는 유서 깊

은 수도원이었다. 쉬제르는 훗날의 국왕인 루이 6세의 학우(學友)로서 이 수도
원에서 공부했고, 그 뒤 루이 7세의 이름난 섭정으로서 프랑스의 국정에 있어
명망 높은 인물이다. 그 쉬제르의 비전에 따라 재건된 생 드니의 내진(1144년
헌당)이 최초의 고딕 건축이다.

생 드니 수도원은 로마네스크 건축의 집대성으로서 신 양식, 즉 고딕을 탄생
시켰고, 그것을 다가올 시대의 주역인 대성당으로 넘겼다고 말할 수도 있겠다.

생 드니 수도원 성당(프랑스 1140년~)
의 서정면 : 내진은 최초의 고딕 건축이
되었다.

고딕 건축의 혁신

로마네스크 건축에서는 볼 수 없었던 혁신적 표현이란 무엇인가? 교차 리브 볼트, 첨두 아치, 플라잉 버트레스(후술)라고 기재한 해설서가 있다면 그 책은 교과서적이기는 하지만 적잖이 시대에 뒤떨어졌다고 할 수 있겠다. 이들 요소는 확실히 고딕 건축의 외견적 특징일지도 모르지만 혁신의 본질은 아니다.

앞에서 로마네스크 건축의 벽을 조소적으로 분절된 벽으로 설명한 것을 기억하고 있는가? 고딕 건축의 벽도 그 연장선상에 있다. 단, 분절의 방법이 기본적으로 다르다.

혁신의 본질은, 벽의 다양한 부분이 샤프트나 소 원주나 고형 등의 둥글며 얇고 긴 봉 모양의 요소(선조 요소라고 한다)에 의해 분할되거나 가장자리가 둘러쳐진 점에 있다. 가장 완성된 고딕 건축으로 간주되는 샤르트르(1194년~), 랑스(1211년~), 아미앙(1220년~)의 대성당을 예로 들어 더욱 자세히 고찰해보자.

이들 교회당의 신랑벽에서는 벽을 도려내고 움파고 쌓아올렸을 때 생기는 직각 에지를 볼 수 없다. 그러한 에지는 선조 요소에 의해 감춰지고 배제되어 있기 때문이다. 왜냐? 벽이 갖는 중량감을 제거하기 위해서다. 에지는 그 뒤에 이어진 벽의 체적을, 따라서 중량을 암시하기 때문에 고딕 건축에서는 철저하게 배제되었다.

고딕 건축에서는 중량감을 없애기 위해 다양한 방법이 시도되었다. 에지의 배제는 그중 하나다. 실제로 벽을 얇게 하고 개구부를 확대하여 벽의 체적을 줄이는 일에 힘을 쏟는 것은 물론이거니와, 그러한 물리적 수단 이상으로 중요한 것이 선조 요소에 의한 가선 두르기와 분할이었다. 물리적인 수단을 구조체의 골격으로 삼는다면 후자는 구조체 표현의 살붙이기라고 할 수 있으리라.

로마네스크 건축에서는 도려낸 개구부에 벽의 두께가 그대로 드러났지만, 고딕 건축에서는 벽의 두께 또한 선조 요소에 의해 교묘하게 감춰졌다. 그 결과, 우리의 눈은 개구부에 가선을 두르고 분할하는 선조 요소의 두께를 벽의

샤르트르 대성당(프랑스 1194년~) : 신랑

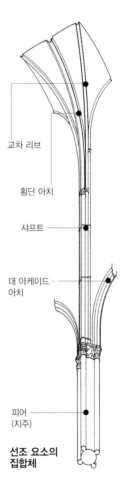

교차 리브

횡단 아치

샤프트

대 아케이드 ·
아치

피어
(지주)

**선조 요소의
집합체**

두께로 인식하게 되었다.

이를테면 트리폴리움 소 아치의 고형 또는 그것을 지탱하는 소 원주와 리스폰드를, 그리고 클리어스토리를 분할하는 트래서리(창 또는 개구부의 상부에 만든 장식적인 격자—역주)를 벽의 두께로 본다. 대 아케이드 아치의 고형과 그것을 지탱하는 샤프트 또한 벽의 두께를 대표하는 것으로 받아들인다.

이렇듯 고딕의 신랑벽은 선조 요소에 의해 짜인 격자상의 벽으로 변했다. 여기서는 벽에 뚫린 창문이라는 개념은 이미 없었다. 있는 것이라곤 스테인드글라스의 빛 영역, 그리고 트리폴리움이나 측랑의 어두운 영역 전면에 떠 있는 격자상의 벽이다. 달리 말하자면, 빛과 어둠의 공간 층에 보강된 격자벽이다. 격자가 지닌 투과성이, 보강된 공간 층을 인식하게끔 하는 것이다.

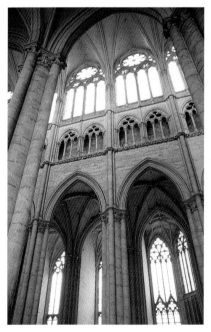 

아미앙 대성당(프랑스 1220년~) 신랑을 올려다본 모습　　아미앙 대성당 신랑 : 동측의 내진을 본 모습

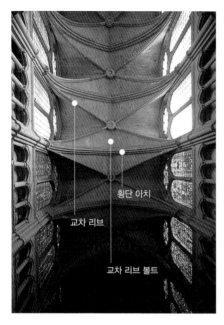

횡단 아치

교차 리브

교차 리브 볼트

란스 대성당 신랑의
리브 볼트를 올려다본 모습

란스 대성당(프랑스 1211년~) 신랑 :
서측을 본 모습

트래서리

클리어스토리

샤프트

트리폴리움

대 아케이드

피어(지주)

고딕의 신랑벽은 선조 요소에 의해 짜인 격자상의 벽으로 변했다. 외관상 선조 요소의 두께밖에 갖지 않는
격자상의 벽은 이미 중량이 느껴지지 않는다. 란스 대성당 신랑을 올려다본 모습

무중량성

 외관상 선조 요소의 두께밖에 갖지 않는 격자상의 벽은 이미 중량이 느껴지지 않을 것이다. 하지만 고딕 건축은 무중량성을 완벽하게 실현하기 위해, 나아가 다음과 같은 시각적 방법을 취했다.

 그것은 벽면을 상승하는 샤프트의 다발과 그 종단에서 갈라진 리브와 관계가 있다. 이들 샤프트와 리브는 선조 요소의 집합체(207쪽 그림 참조)를 형성하며 격자를 만드는 선조 요소 중에서 가장 눈에 띄는 요소다. 이 집합체가 중요한 것은, 진정한 구조를 뒤에 감추고 구조의 지지 기능을 벽의 표면에서 「가상적」으로 표현하는 점에 있다.

부르쥬 대성당(프랑스 1194년~)
신랑

211

이들 선조 요소는 중량을 지탱하기에는 너무 가느다란 외관밖에 갖지 않음에도 불구하고 하중의 지지 기능을 표명한다. 그러기 위해 이들 선조 요소가 외관상 받치는 건물이 주는 느낌은 가느다란 선조 요소에 어울리는 가벼움(무중량)이다.

이렇듯 시선이 샤프트의 수직선을 더듬어 상방으로 인도되었을 때 중력에서 해방되어 부유하는 듯한 상승감을 느끼는 것이다. 일반적으로 말하는 고딕의 수직성이란 본질적으로는 이러한 무중량성과 깊은 관련이 있다.

선조 요소는 그 시각 효과로 벽의 거짓 가벼움과 거짓 지지 기능을 연출한다고 해도 좋으리라. 고딕 벽의 무중량성은 선조 요소의 이러한 일루전(환각) 작용에 의해 탄생된다.

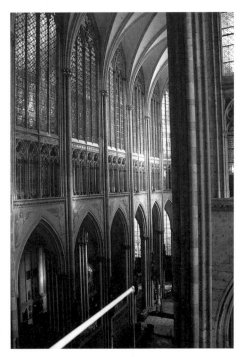

쾰른 대성당(독일 1248년~) 신랑 : 아미앙 대성당을 모범으로 한 프랑스 직수입 양식으로 세워졌다.

고딕의 공간

중세의 스테인드글라스를 많이 남긴 샤르트르 대성당에서는 당내를 채운 신비한 빛을 체험할 수 있다.

당시의 스테인드글라스는 투명도가 낮기 때문에 투과된 빛은 깊고 선명한 색채를 띤다. 따라서 빛은 창밖에서 유리를 투과해 오는 것이 아니라 스테인드글라스 그 자체에서 발하는 것처럼 보인다.

이때, 스테인드글라스의 두께는 수 밀리미터밖에 되지 않음에도 불구하고 그 빛나는 면의 뒤라는 관념은 소실되어 창밖에 펼쳐진 현실 세계는 의식상에서 불식되었다. 더구나 본래 창은 바깥 세계와의 연결을 예상시키는 것인데 고딕의 격자 벽에서는 창의 개념 자체가 해체되었기 때문에 바깥 세계와의 단절은 결정적이었다.

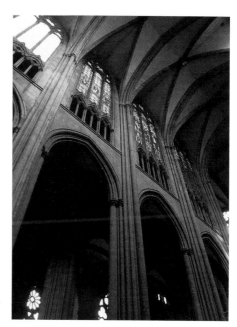

클레르몽 페랑 대성당
(프랑스 1250년경~)

이렇듯 당내는 바깥 세계로부터 분리된 다른 차원에 있다는 감각이 지배적이었고, 그와 함께 스테인드글라스가 발하는 빛은 자연계에 속하지 않는 비자연의 빛이라는 감각이 탄생하게 되었다. 스스로 빛나는 벽이 날씨의 변화에 의해 그 빛을 시시각각 변동시키는 모습은 말로는 표현할 수 없을 정도로 신비하다.

만물을 지상에 억압하려는 중력으로부터 해방, 이 세상의 것이 아닌 신비한 빛, 그리고 바깥 세계로부터의 단절. 이들 현상이 함께 작용하여 교회당 내부를 초자연적인 공간으로 만든다. 고딕의 교회당은 이 지상적 경험을 초월한 공간에 의해 「신의 나라」의 존재를 나타낸다.

루앙의 생투앙 성당
(프랑스 1318년~)

구조의 짜임새

고딕의 격자 벽은 그 얇은 외관에 주목하자면 막 같은 상태에까지 도달해 있다. 로마네스크 건축은 벽의 두께에 의해 당내를 격리했지만, 고딕 건축은 그 얇은 벽(정확히 말하자면 얇은 벽과 그것을 뒷받침하는 공간 층)에 의해 격리되었다고 해도 좋으리라. 이 얇은 벽은 이미 설명한 대로 선조 요소의 일루전 효과에 의한 면이 크지만, 물리적으로 벽을 얇게 하고 개구부를 확대하는 데 큰 노력이 든 것도 사실이다.

로마 건축에서도 설명한 것처럼, 상방으로 만곡된 볼트 천장은 항상 옆으로 펼쳐지려는 힘(추진력)을 작용시킨다. 이 힘을 지탱하는 것이 석조 건축 최대의 기술적 과제. 로마 건축과 로마네스크 건축은 벽을 두껍게 함으로써 이 과제에 대처했다.

당연한 말이지만, 이러한 경우 큰 창을 낼 수가 없다. 벽체의 유효 단면이 줄기 때문이다. 또한 추진력은 벽을 옆으로 쓰러뜨리려는 힘이기 때문에 벽을 높이는 데도 큰 위험을 동반한다. 하지만 고딕 건축은 벽을 얇게 하고 창을 넓히며 천장을 높이는 방향을 지향했다. 게다가 교회당의 회랑 벽은 하부를 아케이드로서 개구하기 위해 꽤 불리한 조건하에 있었다. 이 기술적인 난제 극복 없이는 샤르트르 대성당도 란스 대성당도, 그리고 아미앙 대성당도 실현되지 않았을 것이다.

고딕 건축가는 플라잉 버트레스(비량/飛梁)라고 불리는 횡조(橫造)를 발명하여 이 난제를 훌륭하게 해결했다. 볼트의 추진력이 작용하는 신랑벽의 외측에 아치를 비스듬히 설치하여 추진력을 가장 바깥 부분의 버트레스(측랑 외벽에서 직각으로 돌출된 벽 모양의 지주)에 전달하는 방법이었다.

이 탁월한 아이디어로 신랑벽은 하중 지지 기능에서 해방되었다. 이렇게 하여 얇고 높은 데다 큰 개구부가 있는 신랑벽이 가능해진 것이다. 막처럼 얇은 벽을 실현하기 위해 고딕 건축은 벽으로 지탱하는 방식을 버리고 뼈대로 지탱하는 방식을 손에 넣었다고 보면 되겠다.

교회당의 외주(外周)벽에는 피너클이라는 이름의 소 첨탑을 얹은 공벽(控壁)이 플라잉 버트레스를 얹기 위해 즐비하게 되었다. 흡사 침엽수림 같은 외관이지만 이것은 내부 공간을 실현하기 위해 구조의 짜임새를 모두 건물 외부에 노출시킨 결과다.

샤르트르 대성당 북측 트란셉트의
장미꽃 무늬 창

샤르트르 대성당 남측 트란셉트의
장미꽃 무늬 창

부르주 대성당의 플라잉 버트레스

플라잉 버트레스는 막 같은 신랑벽면을 실현하기 위한 구조 장치가 외부에 노출된 것이다.
샤르트르 대성당

후기의 전개

고딕 건축은 13세기 초기에 양식상의 정점에 도달한 뒤 일 드 프랑스에서 프랑스 각지에, 나아가 유럽 전역에 퍼져 그 땅의 전통과 결부되며 다양한 전개를 이루었다. 특히 14세기 이후, 백년전쟁과 흑사병으로 활력이 저하된 프랑스를 대신하여 양식 창조의 주도권을 쥔 것은 영국과 독일이다.

그때까지 선조 요소는 건물의 역학 기능을 가상적이나마 논리적으로 표현했다. 즉, 리브도 샤프트도 실제로는 하중을 거의 지지하지 않지만, (눈을 속이기 위해) 힘의 흐름에 정확히 일치하는 길로 보이는 위치에만 붙여 하중의 지지 기능을 주장했다.

그리고 점차 이 원칙에서의 일탈이 시작되었다. 선조 요소는 역학 논리의 표현에서 벗어나 장식화되었고, 벽면과 볼트면에 자유롭게 펼쳐져 번성하게 되었다.

영국은 이른 시기부터 리브의 수를 늘렸고, 후기에는 복잡한 패턴을 갖는 리브 볼트를 발달시켰다. 트래서리에는 오지 아치라고 불리는 양파 모양의 아치가 등장하여, 그것이 화려하고 유동적인 곡선(장식 양식이라고 한다)으로 발전했다. 반전 곡선을 이용한 오지 아치는 영국에 한정되지 않고 후기 고딕의 특징적인 형태로 이어졌으며, 특히 프랑스에서는 S자 모양을 조합한 화염 모양 패턴(플랑부아양 양식이라고 한다)이 유행했다.

한편, 리브와 샤프트는 결절점(結節點)을 잃은 채 융합했고, 고형과도 외견상의 구별을 잃고 동화되었다. 이렇듯 선조 요소는 특정 기능을 보여주는 일 없이 증식하고 분기(分岐)했다. 그 과정에서 독립된 선조 요소 사이끼리 간격을 두고 파형으로 연속됨과 함께, 선조 요소의 단면도 둥근 막대기 모양에서 서양 배 모양으로 변형되었다.

독일에서는 리브 볼트와 트래서리의 복잡화보다도, 이상과 같은 변화가 먼저 현저하게 나타났다. 후기에는 그것들의 효과가 특히 홀(hall)식 교회당에서

충분히 발휘되었다. 선조 요소는 키가 큰 지주의 꼭대기에서 복잡한 패턴으로 깔대기처럼 퍼져 신랑과 측랑의 천장을 일체적으로 덮는다.

트래서리는 복잡화되었을 뿐만 아니라, 클리어스토리에서 넘쳐 나온 샤프트를 흡수하고 벽면 전체를 덮게 되었다. 영국에서 트래서리는 최종적으로 수직선을 강조한 세로로 긴 격자 모양 패턴(수직식이라고 한다)으로 수렴되었고, 리브 패턴도 이것에 동조하여 트래서리화되었다.

이렇듯 고딕은 전체를 덮는 선조 요소의 직물 모양 장식 패턴 속에서 벽과 천장을 불문하고 해체되어 갔다.

파리의 노트르 담 대성당(1163년~)의 플라잉 버트레스

피너클을 얹은 공벽이 침엽수림 같은 외관을 만든다 : 아미앙 대성당 내진 측 외관

고딕 건축의 구조

[신랑 내부 입면도]

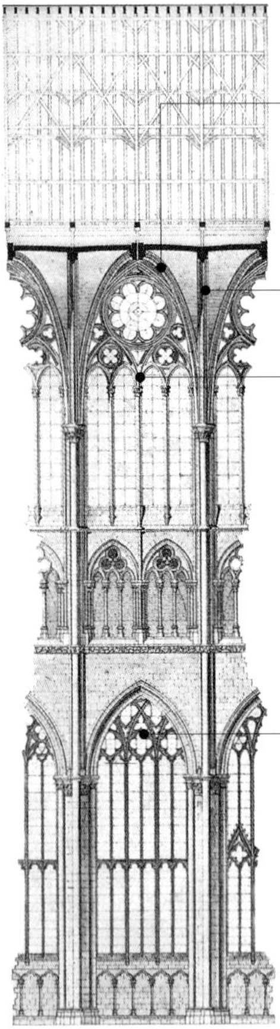

- ❶교차 리브
- ❸횡단 아치
- ❹트래서리
- ❹트래서리

[신랑 단면도]

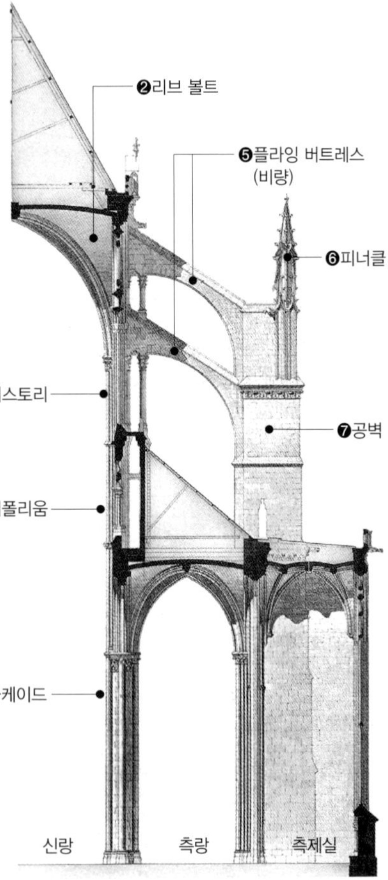

- ❷리브 볼트
- ❺플라잉 버트레스 (비량)
- ❻피너클
- ❽클리어스토리 (고창)
- ❼공벽
- ❿트리폴리움
- ❾대 아케이드

신랑　　측랑　　측제실

❶볼트의 교차 능선 부분에 붙여진 리브.
❷볼트란 아치의 원리를 이용하여 만들어진 석조나 벽돌 지붕·천장을 말한다. 내륜에 돌출된 봉 모양의 부재(리브)를 갖는 것을 리브 볼트라고 한다.
❸신랑이나 측랑을 횡단하여 설치된 주간을 구획하는 아치.

❹창면을 세분할하는 장식적 부재.
❺볼트로 인해 생긴 수평력을 지탱하기 위해 공벽에서 외벽으로 비스듬히 설치된 아치.
❻공벽이나 탑에서 네 귀퉁이 등의 꼭대기에 설치된 소 첨탑.
❼벽체에서 직각으로 돌출되어 만들어진 보강용의 짧은 벽체.

❽신랑의 최상층부에 낸 창.
❾아치를 얹은 연속된 지주열의 개구부를 아케이드라고 하며, 특히 신랑과 측랑을 나누는 것을 대 아케이드라고 한다.
❿대 아케이드와 고창 사이에 뚫린 작은 아치열(소 아케이드)로, 통상 뒤쪽에 좁은 통로가 있다.

영국 후기 고딕의 대표작 옥스포드 대성당의 내진 : 1500년경에 로마네스크 양식의 신랑을 개축하여 팬 볼트라 불리는 부채꼴의 장식적 볼트를 설치했다. 고딕 건축 후기의 발전을 담당한 것은 영국과 독일이다. 특히 영국은 복잡한 패턴을 갖는 리브 볼트를 발달시켰다.

글로스터 대성당 내진(영국 1337년~) : 수직식의 대표작. 트래서리는 클리
어스토리에서 넘쳐 나온 벽면 전체를 덮듯이 형성되어 있다.

일리 대성당 마리아 제실(영국 14세기)의 네트 볼트

엑세터 대성당 외진(1280년~) : 영국은 이른 시기부터 리브의 수를 늘려 다양한 리브 볼트를 발전시켰다.

캠브리지의 킹즈 칼리지 채플
(영국 1446년~) : 당내는 트래서리와 팬 볼트의 선조 요소에 의해 덮여 있다.

딩켈스뷜의 장크트 게오르그 성당(독일 15세기 말)
[촬영 : 다키 유이치]

옥스포드의 디비니티 스쿨
(15세기)

글로스터 대성당 회랑(14세기)의 팬 볼트

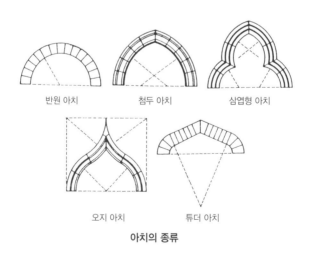

반원 아치   첨두 아치   삼엽형 아치

오지 아치   튜더 아치

아치의 종류

코블렌츠의 장크트 카스토어 성당(독일) : 별모양 패턴을 갖는 스타 볼트(15세기 말)를 설치했다.

코블렌츠의 리프프라우엔 키르헤(독일) : 별모양 패턴을 갖는 스타 볼트(15세기 말)를 설치했다.

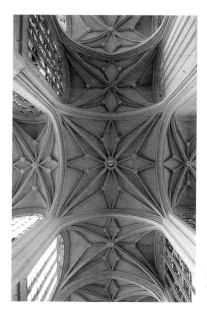

파리 생 제르베 성당의 스타 볼트(16세기 말) : 리브와 샤프트가 연속되고 일체화되었다.

파리의 생 세브랭 성당 내진 주보랑(15세기 말) : 꼬인 기둥에서 시작되어 펼쳐진 리브 볼트

고딕 건축의 파사드

서정면에 쌍탑(종탑)을 세운 것은 프랑스와 독일의 특징. 영국과 이탈리아는 서정면
에 쌍탑을 세우지 않고 심플하게 정돈한 경우가 많다.

밀라노 대성당(1387년~)

쾰른 대성당

피렌체 대성당(13세기 말~)

솔즈베리 대성당
(영국 1220년~)

column

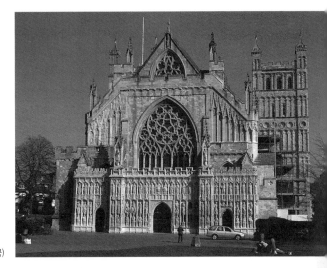

엑세터 대성당(영국)

스트라스부르 대성당(프랑스 1227년~)

파리의 노트르 담 대성당

아미앙 대성당

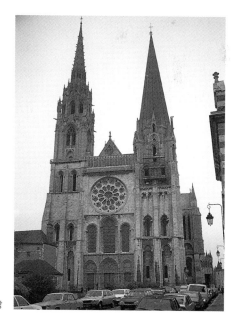

샤르트르 대성당

❹ 고딕 리바이벌

낭만주의와 고딕 리바이벌

고딕 건축은 15세기 말을 기하여 거의 종식되었지만 완전히 절멸한 것은 아니었다. 특히 14~15세기에 화려한 양식을 전개시킨 영국은 16세기 전반에 도래한 르네상스 양식을 도입하며 튜더 아치를 특징으로 한 독특한 고딕(튜더 양식이라고 한다)을 낳았다.

르네상스와 이 이후 고전주의가 정착된 뒤에도 고딕은 끊이지 않고 살아남아, 18세기 후반부터 19세기에 낭만주의의 조류 속에서 강력한 부흥을 이루었다. 이것을 고딕 리바이벌(영국 이외에서는 네오 고딕이라고 불리는 경우가 많다)이라고 한다.

자본주의의 진전과 그것에 동반된 도시 인구의 급격한 증가는 사회 계층을 수평으로 분단하고 공동사회에서 개인의 정체성을 추방했다. 낭만주의의 원동력은, 이러한 인간 소외를 낳은 현대라는 공리주의 사회에 대한 반동이었다.

낭만주의는 「개체」를 무시하고 부정하며 구속하는 모든 것을 거부한다. 그리고 「개체」의 영역에 속한 것의 복권(復權)을 주장한다. 즉, 보편성보다도 개별성과 다양성을, 이성보다도 감정을, 객관보다도 주관을, 합리보다도 비합리와 신비를, 규율보다도 자유를, 형식보다도 의미를, 분석과 실증보다도 해석과 상상을, 그리고 (공리주의의 산물인) 인공보다도 자연을 존중한다. 또한 현재에서 도피하고 과거나 이국을 동경하는 것도 낭만주의의 특징적인 태도다.

건축에서는 그러한 시대정신이, 정체성을 억압하는 고전주의의 엄격한 「규범」이나 「형식」을 거부하고 민족적 기원을 갖는다고 여겨진 고딕의 재흥으로 이어졌다.

고전주의가 의거한 오더라는 규범은 수적 비례에 근거하여 정연한 통일적

질서를 자아내는 것으로, 여기에는 비대칭이나 불규칙성이 끼어들 여지가 없다. 실제로 파사드의 엄격한 대칭성은 고전계 건축의 현저한 특징이다.

특히 18세기 후반에 흥한 신고전주의는 고고학적 정확함을 추구하기도 하여 냉엄한 형식주의에 빠지기 쉬웠다. 고딕 건축은 본래 그러한 미적 규범을 갖지 않았기 때문에 고전주의가 배제한 비대칭이나 불규칙성을 수용하고, 개인의 취향에 따라 형식에 구애받지 않는 자유로운 형태를 가능케 했다. 따라서 주위의 자연에 잘 스며들어 사람들의 상상력을 북돋우는 회화적 정경을 자아낼 수 있었다. 픽처레스크라고 불리는 이러한 표현의 경향이 고딕의 본격적

고딕 리바이벌의 대표작인 영국의 국회의사당(웨스트민스터 궁전)

인 재흥에 솔선하여 나타났다.

　더욱이 고딕에는 고전주의에는 없는 환기력이 있었다. 고딕은 중세와 결부됨에 따라 권위나 권리의 정통성과 연속성을 암묵적으로 용인하게 하고, 역사적 사건이나 일화를 상기시켰다. 그러는 한편, 현대가 잃어버리고 중세가 소유했던 좋은 제도, 좋은 도덕, 좋은 가치관, 그리고 좋은 공동체를 연상시키는 힘을 지녔다.

　이렇듯 고딕은 국민과 국가의 역사, 영국다운 면과 관련된 다양한 의미를

영국 국회의사당의 벽면 세부

지녔고, 19세기에는 영국의 국민적 · 국가적 양식이 되었다. 그것에 호응하여 고고학적 연구도 진행되어 중세 고딕의 정확한 형태가 채택되었다. 이러한 이유로 고딕은 완전히 재흥되었다.

중세에서는 교회당이 건축의 주요 과제였지만, 이 시대에는 건축의 대상이 확대되어 교회당이나 성관(城館)뿐만 아니라 저택이나 빌라, 대학, 학교, 재판소 등, 나아가 중산 계급의 소 주택까지도 고딕으로 지어졌다.

영국 국회의사당(웨스트민스터 궁전)

「고딕」이라는 말은 르네상스의 사람들에게 있어 로마 제국을 타도한 야만적 「고트인(人)의」라는 뜻(고딕의 어원은 여기에 있다)이었지만, 17세기 이전의 영국인에게 있어서는 건축 용어라기보다, 그들의 선조가 퇴폐한 로마에서 유럽을 해방함에 따라 획득한 정치적 자유를 의미했다고 한다. 그렇다면 마그나 카르타 이래로 정치적 전통을 갖는 입헌군주국 영국의 국회의사당으로서 고딕만큼 적합한 양식은 달리 생각할 수 없을 것이다.

영국 국회의사당(1836~60년대 찰스 배리와 오거스터스 퓨진)은 1834년에 소실된 뒤, 애국적이고 국민적인 의미를 담아 재건되었다. 전체를 남북으로 관통하는 긴 축이 템스강의 서쪽 해안에 면하여 평행하게 자리 잡았다. 축의 중심에 중앙 로비가 있고, 그 남측 축 위에는 하원의장이 배치되었다. 긴 축선 위에 공공의 장인 중앙 로비를 끼고 양원의장석이 대치하는 구성은 국민 · 국가에게 있어 양원의 헌법상 역할을 상징적으로 연출한다.

외관은 템스강 건너편 언덕에서 바라본 경관을 중시하여 구성되었다. 의사당에 걸맞은 위엄을 주기 위해 강에 면한 장대한 파사드를 좌우 대칭으로 하고, 그 양 끝부분을 돌출시켜 전체의 안정을 꾀했다.

이 수평으로 펼쳐진 파사드의 후방에서 시계탑(빅 벤), 빅토리아 타워, 그리

영국 국회의사당은 1834년에 소실된 뒤, 애국적이고 국민적인
의미를 담아 재건되었다. 템스강 건너편 언덕에서 바라본 모습.

고 중앙부의 탑과 그 밖의 작은 탑이 각각 독자적인 실루엣을 갖고 서서 강한 수직의 악센트를 더한다. 그 탑들의 첨정 지붕이나 건물 외주에 붙은 무수한 소 첨탑은 지상에서 뻗은 수직선의 선단을 없애고 하늘을 향한 움직임을 시각화한다.

옥스포드 대학 박물관(1855~60년) 내부   옥스포드 대학 박물관 세부

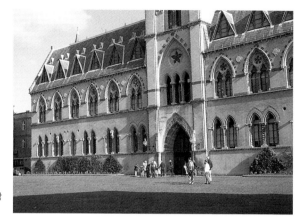

옥스포드 대학
박물관 외관

 그 변화무쌍한 반복이 일종의 격조와 고전주의의 건물에는 없는 독특한 화려함을 탄생시켰다. 수직선을 기조로 한 격자상의 벽이 만드는 섬세한 음영은 날씨의 변화를 민감하게 반영하여 건물을 대기 속에 녹여낸다.

근대로

 18세기에 일어난 산업혁명이 건축 존립의 사회 기반과 산업 구조를 확실하게 바꾸어 기계와 공업의 시대가 도래했음에도 불구하고 이 새로운 시대에 걸맞은 건축의 미학은 아직 나타나지 않았다. 실용을 제일로 삼는 공장이나 창고, 오피스 빌딩이나 역사(驛舍)가 공업의 산물인 철이나 유리로 지어지기 시작했지만 그것들을 설계한 것은 건축가가 아니라 대학에서 공학을 배운 기술자들이었다.
 건축가는 그것들을 단순한 공작물로밖에 보지 않았고, 과거에서 빌려온 양식이라는 의장을 공공 건축이나 저택에 입히는 일에 몰두했다. 건축가는 역사주의의 폐색 상황에 빠져 있었다.

　근대 건축을 모색하는 움직임은, 사실 고딕 리바이벌 속에 이미 싹 터 있었다. 고딕 리바이벌은 산업자본주의가 초래한 불건전한 사회를 부정하고, 중세라는 이상화된 시대 속에 사회가 나아가야 할 방향을 찾아내려 하는 시대정신에서 탄생한 것이었다.

　그러한 정신은 단순히 중세의 건축 양식 재흥에 머무르지 않고 양식을 초월

올 세인츠 성당 내부

하여 「올바른 원리」의 추구로 인간을 이끌기도 했다. 구조는 정직하게 노출시켜야 하며, 재료는 솔직하게 표현되어야 하고, 형태는 기능에 충실해야 한다. 이것은 근대 건축의 이념에 직결된 것이지만, 당시에는 중세의 고딕 건축이 그러한 원리에 근거한다고 생각되었다.

새로운 미학의 출현은, 건축가가 과거의 양식과 결별하고 기계와 공업이 움직이는 새로운 시대에 정면으로 맞설 수 있는지 없는지에 달려 있었다.

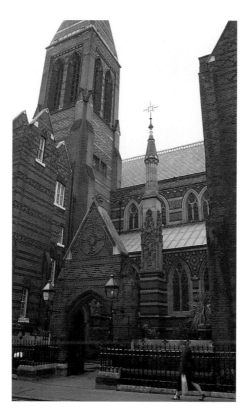

런던의 올 세인츠 성당(1850~59년) 입구 부근 외관

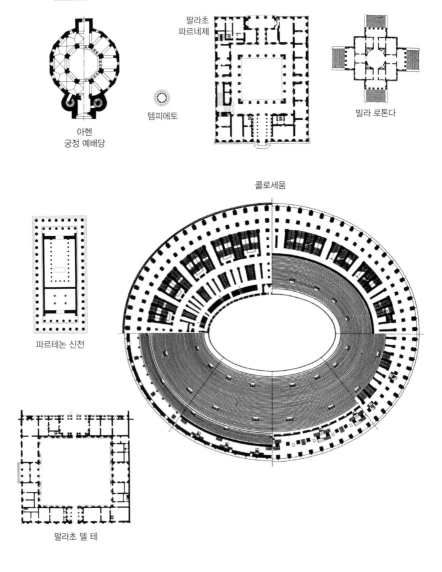

건물의 크기 비교

0   20m

팔라초
파르네제

빌라 로톤다

템피에토

아헨
궁정 예배당

콜로세움

파르테논 신전

팔라초 델 테

244

아르테스 박물관

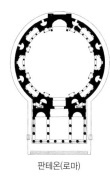

판테온(로마)

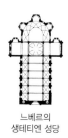

느베르의
생테티엔 성당

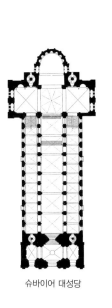

슈바이어 대성당

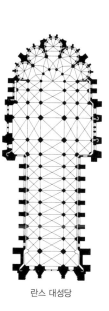

란스 대성당

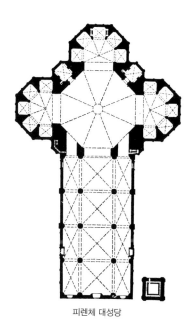

피렌체 대성당

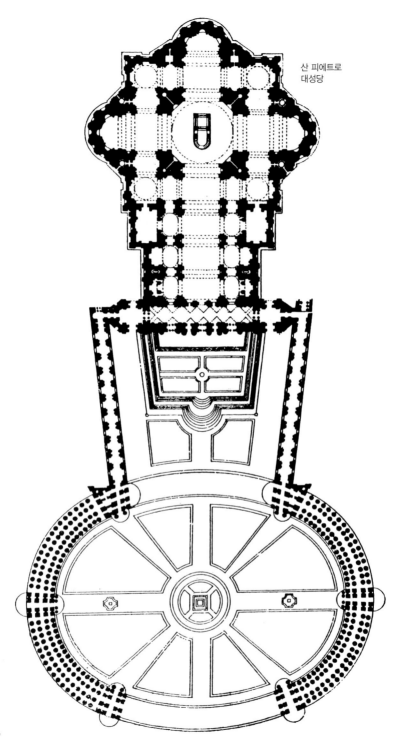

산 피에트로
대성당

로렌초
도서관 전실

산 카를로
알레 콰트로
폰타네 성당

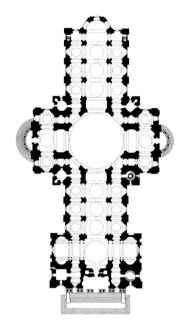

세인트 폴 대성당

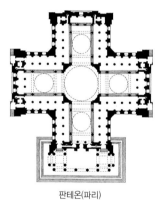

판테온(파리)

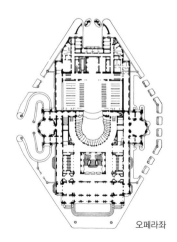

오페라좌

247

일본의 서양 건축

두 번째 변혁

   일본의 건축은 역사상 두 번에 걸쳐 커다란 변혁을 맞아 오늘날에 이르렀다. 최초의 변혁은 6·7세기의 불교 건축 도입이며, 두 번째는 메이지 시대의 서양 건축 도입이다. 불교 건축 도입이 국가적인 사업으로 이루어진 것처럼, 서양 건축 도입도 구미열강(歐美列强)을 모범으로 삼은 메이지 정부의 근대화 정책의 일환으로 강력하게 권장되었다.

   구미에서 초빙된 건축가나 기술자들이 근대화(서양화)를 지도했다. 그중에서도 겨우 스물네 살에 내일(來日)한 영국인 건축가 J·콘더는 로쿠메이칸(鹿鳴館) 등의 명 건축을 설계하는 한편, 고부(工部) 대학교(도쿄 대학 공학부의 전신)의 초대 교수로서 처음으로 본격적인 건축가 교육을 행하여 일본 건축의 장래에 결정적인 역할을 수행했다. 콘더의 가르침을 받은 최초의 일본인 건축가들(다쓰노 긴고/辰野金吾, 가타야마 도쿠마/片山東熊, 소네 가쓰오/曽禰達蔵 등)은 문자 그대로 건축계를 견인하는 인재가 되어 장래의 초석을 공고히 다졌다.

역사주의를 반영

   그런데 일본이 건축을 도입하기 시작한 19세기 후반의 유럽은 역사주의의 시대였다. 즉, 그리스 건축이나 고딕 건축에 머무르지 않고 과거의 다양한 양식이 부흥하여 상대화·등가치화된 시대였다. 취향이 있더라도 의뢰인의 요구나 조건에 따라 어떤 시대의 양식이든 교묘하게 설계할 수 있는 건축가가 이 시대의 뛰어난 건축가였다. 일본의 근대 건축은 그 출발점에서 유럽 역사주의의 파도를 정면으로 맞았다.

   그런 고로 일본은행(다쓰노)이나 아카사카리큐(赤坂離宮, 가타야마)가 네오 바로크로, 도쿄역이 (다쓰노 독자의) 네오 르네상스로, 게이오의숙(慶応義塾) 도서관(소네)이 네오 고딕으로, 시대가 흘러 메이지 생명관이 신고전주의로 지어지는 등, 당시의 유럽 상황이 그대로 일본 건축계에 반영되었다.

국가의 위신을 나타내기 위한 건물에는 좌우 대칭으로 위엄과 안정성이 있는 고전 계의 양식이, 그중에서도 화려한 네오 바로크나 네오 르네상스가 사랑받았다.

은행이나 보험회사처럼 기업적 합리정신을 나타내고 신뢰감을 줄 필요가 있는 경우 에는 신고전주의가, 그리고 중세에 기원하는 대학에는 합리성보다도 학문의 심원성을 나타내기 위해 네오 고딕이 적합하다고 판단되었다.

게이오의숙 대학 도서관

아카사카리큐(현 영빈관)

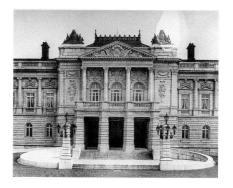

column

|미와 공간에 대하여 | 보충

본서의 부제는 「미와 공간의 계보」다. 인쇄하기 직전에 떠오른 제목인데, 실은 서양 건축의 역사를 「미의 계보」와 「공간의 계보」로 나누어 논할 수 있지 않을까, 라고 지금 은 생각한다. 즉, 고전계의 건축을 「미」의 계보로, 중세계의 건축을 「공간」의 계보로 대 응시킨다는 아이디어다.

본서에서 설명한 것처럼, 고전계 건축의 원류인 그리스 건축은 「기둥」의 논리에서 보편성 있는 「미」를 이끌어냈고, 중세계 건축의 최고 도달점인 고딕 건축은 「벽」의 논 리를 극한까지 추구하여 기독교의 독자적인 「공간」을 창조했다. 하지만 잘 생각해보면 「미」와 「공간」은 대개념(對概念)으로서는 직접 대응되지 않은 것으로 생각된다. 애초에 「미」는 사물의 뛰어난 모습을 나타내는 말인 데 반해, 「공간」은 존재 그 자체며, 「미」처 럼 무언가의 가치를 표현하는 개념이 아니기 때문이다. 「공간」과 대응되는 개념을 든 다면 오히려 「물체」일 것이다. 공간이란 물체와 물체 사이에 존재하는 범위며, 그 성질 은 물체에 따라 규정된다. 말하자면 공간은 물체와 표리일체의 관계다. 이 대개념을 이 용한다면 고전계의 건축은 물체 그 자체에 강한 관심을 보인 것에 반해, 중세계의 건축 은 물체 그 자체보다도 물체에 의해 규정된 공간 쪽에 보다 강한 관심을 두었다고 말 할 수 있을 것이다. 사실 그리스 건축은 「기둥」이라는 물체에 강한 관심을 보였고, 그 미적 표현을 최고 수준으로 추구했다.

그런데 물체가 공간을 규정한다면 「기둥」 또한 「벽」과는 다른 방식으로나마 공간을 규정하게 될 것이다. 실제로 그리스의 신전은 기둥과 그 열이 보여주는 고도의 세련된 표현에 의해 건물의 주위에 지극히 격조 높은 영역(공간)을 형성한다. 그리스의 신전에 서는 신전의 전면에 제단이 놓이고, 제의는 외부에서 이루어졌다. 고딕 건축이 제단을 포함한 성스러운 영역을 벽에 감싸인 내부로 형성한 것과 대조적이다. 따라서 다음과 같이 말할 수가 있겠다. 그리스 건축은 기둥의 조형을 통해 「미」를 추구했고, 결과적으로 격조 높은 「공간」을 획득했다. 이에 반해 고딕 건축은 벽의 조형을 통해 초월적인 「공간」을 추구했고, 결과적으로 「미」를 손에 넣었다고 말이다. 고딕의 대성당을 장식하는 장미꽃 무늬 창이나 조각상이나 세부의 조각 등은 각각 아름답지만, 그 아름다움 자체는 고딕 건축의 목적이 아니라 성스러운 공간을 실현하는 수단으로서 연마한 결과라고 생각할 수 있다.

한편 기둥이나 벽이나 스테인드글라스가 「아름다울」 수는 있지만 그들 물체가 자아내는, 흡사 분위기와도 같은 존재인 공간을 똑같이 「아름답다」고 표현하기에는 위화감이 든다. 옥스포드 영어 사전에 따르면 「미」는 「존재하는 것이 감각이나 정신에 기쁨을 주는 성질」이다. 적어도 고딕 건축의 공간이 우리에게 주는 것은 기쁨과는 다른 듯하다. 오히려 「경외」나 「숭고」처럼 압도하는 감각이다. 공간은 우리에게 눈에 보이지 않는 압력을 미친다. 고전계 건축이 지향한 것이 「물체」의 「미」라면, 중세계 건축이 지향한 것은 「공간」의 「경외」라고 표현할 수 있으리라. 다만 「경외」는 「미」만큼 보편적인 개념이 아닌 것처럼 느껴진다. 「공간」이 나타내는 것보다 보편적인 가치 개념을 여러 가지로 찾아봤지만 「물체」의 「미」에 상당하는 개념은 결국 찾을 수 없었다. 거기서 「미」보다 한정적일지는 모르지만 종교 건축이라는 주석을 붙여 「경외」의 개념을 일단 채용하고자 한다.

이리하여 「물체」에는 「공간」이, 그리고 「미」에는 「경외」가 대응한다는 것을 깨달았다. 여기서 고전계 건축과 중세계 건축의 기본적 차이점을 표로 정리해보았다. 보충하자면, 물체는 「눈에 보이는 것」이지만 공간은 「눈에 보이지 않는다」. 그리고 「미」는 물체가 보여주는 모양이나 색채 등 눈에 보이지만 「형식」의 문제가 있고, 「경외」는 공간이 의미하는 눈에 보이지 않는 「내용」에 관련되었다고 생각할 수 있다. 「형식」과 「내용」은 이따금 예술의 분석에 이용되는 대개념이다. 그런데 공간이 물체를 통해 인식되는

column

표 : 고전계와 중세계의 대개념

	고전계 건축	중세계 건축
조형 표현의 근거가 되는 건축 원리	지탱하기	에워싸기
건축 원리의 표명	기둥	벽
예술적 관심의 대상	물체	공간
	눈에 보임	눈에 보이지 않음
예술 표현의 관심	형식	내용
지향하는 가치	미	경외(외포 · 숭고)

것과 마찬가지로 내용은 형식을 통해 표현된다. 게다가 물체만의 건축이나 공간만의 건축이 불가능한 것과 마찬가지로, 형식만의 예술이나 내용만의 예술은 불가능하다. 즉,「형식과 내용」의 관계와「물체와 공간」의 관계는 표리일체의 관계로서 대단히 많이 닮아 있다. 결국 건축 양식에 관련된「물체와 공간」의 대개념은 예술의「형식과 내용」이라기보다 일반적인 대개념에 부연할 수 있지는 않을까 생각한다. 고전계와 중세계의 차이는 결국, 이들 대개념 중 어느 쪽에 강한 관심을 품었는가, 라는 문제에 귀착될 수 있을 것이다.

위에서 설명한 대로「미」와「공간」은 대개념으로서는 성립되지 않는다. 따라서 고전계와 중세계를 각각「물체의 계보」와「공간의 계보」, 또는「미의 계보」와「경외의 계보」라 명명하는 것이 올바를 테지만,「물체와 공간의 계보」,「미와 경외의 계보」로는 어쩐지 부족하다.「미」와「공간」은 대개념은 아니지만, 고전계와 중세계를 특징짓는 개념으로서 표에서 보듯 간접적인 관계다. 하지만 일단 대치되어 있다.「미」와「공간」은 건축 예술을 고려할 때 없어서는 아니 되는 개념이며, 가장 친숙한 말이기도 하다. 그런고로 고전계의 계보를「미의 계보」로, 중세계의 계보를「공간의 계보」로 보는 아이디어는 틀리지 않았다고 판단된다.

파르테논 신전(아테네 : 그리스) 복원도(by G.P. Stenens)

아크로폴리스(아테네)의 신역(神域) 복원도
(by Dr. Manolis Korres)

다시 한 번 「기둥」과 「벽」에 대하여

고전계 건축과 중세계 건축에서 조형 표현의 근거가 되는 건축 원리가 각각 「지탱하기」와 「에워싸기」며, 그 원리의 표명이 각각 「기둥」과 「벽」이라는 사실을 본서의 제1장

column

에서 자세히 설명했다. 우선 이 원리와 그 표명의 대응 관계를 언어학적인 관점에서 보충 설명하고자 한다.

『일본어원대사전(日本語源大辭典)』에 따르면 【기둥】(기둥은 일본어로 'ハシラ/하시라'다–역주)은 지붕과 땅의 사이(間)에 있는 것을 의미하는 「ハシ(하시)」에, 「등(等)」을 표현하는 「ラ(라)」가 붙어서 만들어진 말이다. 그 의미는 「①건축물 등에서, 직립하여 상부의 하중을 지탱하는 가늘고 긴 재료, ②전체를 지탱하는 사물을 비유하는 말」이다. 이 두 번째 의미에 주목하고자 한다. 『대한어림(大漢語林)』에서는 【기둥】의 첫 번째 의미가 「널리 물건을 지탱하는 것」이다. 『이와나미 고어사전(岩波古語辭典)』에서도 【기둥】의 세 번째 의미가 「중심을 지탱하는 것으로, 가장 큰 힘과 의지가 되는 것」이다. 이렇듯 고래 (古來) 일본에서 「기둥」은 「지탱하는」 것의 대표이며, 「지탱하는」 것을 「기둥」이라는 말

랑(Laon)의 마을과 대성당(프랑스 1155년경~)을 멀리서 바라본 모습

로 표현해왔다.

한편 『이와나미 고어사전』에 따르면 【벽】(벽은 일본어로 'カベ/가베'다―역주)의 「力(가)」는 「スミ力(住処)」(스미카, '거처'라는 뜻―역주), 「アリ力(在処)」(아리카, '소재/所在'라는 뜻―역주)의 「力」로 장소를 나타내며, 「ベ(베)」는 본래 「ヘ(헤)」로, 경계가 되는 것을 의미한다. 또한 『대한어림』이나 『신한화사전(新漢和辭典)』 등에 따르면 【壁】「ヘキ(헤키)」의 원자(原字)는 「辟」로, 「辟」는 「옆으로 다가서다」, 「도망가다」, 「피하다」의 의미를 갖는다. 참고로 【辟易(벽역)】이란 (상대를 두려워하여) 물러나는 것, 쩔쩔매는 것, 꽁무니를 빼는 것이라고 한다. 이상의 사실로부터 알 수 있듯이 벽의 본래 의미는, 특정 장소를 다른 장소로부터 구별하고 구분하여 모든 것을 그곳으로부터 물려두는 것이다. 이것은 그야말로 벽에 의한 「에워싸기」가 아닐 수 없다.

「지탱하기」와 「에워싸기」가 각각 「기둥」과 「벽」에 의해 표명된다는 아이디어는 이상과 같이 어원적으로도 뒷받침된다.

그런데 「기둥」이 그리스 건축에서 오더라는 보편적 표현에 도달한 것과 대조적으로, 중세 건축의 「벽」의 표명은 다양하다. 중세 기독교 교회당의 「에워싸기」가 바실리카식이라는 보편적인 형태를 가진 것은 확실하지만, 벽의 조형 그 자체는 오더에 비하면 개별적이며 시대나 지역을 넘어 규범이 될 만한 형식을 낳지는 못했다. 「기둥」과 「벽」 중에 「기둥」만이 보편적인 표현에 도달한 것은 왜일까? 아래에서 그 이유를 생각해보자.

첫 번째 이유는, 그리스인 스스로가 물체의 조형 표현 속에서 보편적인 미를 추구한 것에 반해, 중세인은 물체라는 눈에 보이는 지상적 존재 속에서 보편을 추구하려는 정신 구조를 갖지 않기 때문이 아닐까? 중세인에게 있어서 진리는 지상을 초월한 천상 세계에만 존재했다.

더욱이 그리스 건축이 「기둥」이라는 물체의 조형 표현 그 자체를 추구한 것에 반해,

column

중세 건축은 「벽」의 조형 표현 그 자체보다도 그것을 사이에 두고 표현된 공간의 내용을 추구한 것과도 관계가 있어 보인다. 그리스 건축에서 「기둥」의 조형 표현은 「미」라는 눈에 보이는 목적에 직접 관련되어 있기 때문에 이 점에 주목하여 수렴할 수 있었다. 이에 반해 중세 건축에서 「벽」의 조형 표현은 「공간」이라는 눈에 보이지 않는 초지상적 내용을 위한 매개물에 지나지 않기 때문에 표현에 큰 진폭(振幅)이 허용되어 전형적으로 수렴될 수 없었던 것은 아닐까 싶다.

또 하나의 이유는 아마 기둥과 벽 그 자체에 있을 것이다. 우선 기둥이 「지탱하는」

노와이용 대성당(프랑스 1145년경~)의
지성소 벽

256

목적은 중력에 대한 저항 단 하나인데, 벽이 「에워싸는」 목적은 생존에 관련된 장소 확보부터 고도로 숭고한 성역의 격리까지, 인간의 생에 관계된 여러 가지가 포함되어 본래적으로 다양하다. 중세 건축에서 「에워싸기」의 첫 번째 목적이 바깥 세계로부터 지성소(至聖所)를 격리하는 데 있었다고 하지만, 이를테면 내구성이나 견고함 등의 역할이 부수적이면서도 필요불가결하게 요구되었다. 덧붙여 기둥이 갖는 양괴가 본래 한정적인데 반해, 벽이 갖는 면의 넓이는 본래 비한정적이다. 이러한 「벽」의 본래적 역할의 다양성과 넓이의 비한정성이 벽의 조형 표현의 진폭을 키우고 전형적 수렴을 불가능하게 만든 것은 아닐까 싶다.

서양 건축의 역사에서 「기둥」만이 보편적인 조형 표현을 획득한 것은 이상과 같은 이유 때문이다. 애초에 그리스 건축이 추구한 보편적 조형 표현의 대상이 「벽」이 아닌 「기둥」이었던 것은, 「기둥」 자체가 전형적으로 수렴될 수 있는 잠재적 가능성을 그 양태 속에 품고 있었기 때문이다. 고전계의 건축이 「벽」이 아니라 「기둥」의 조형을 추구한 것은 결코 우연이 아니다.

후기

떠올려보면, 필자가 건축사 연구의 길을 걷게 된 계기가 된 것은 한 장의 벽 사진이었다. 바로, 본서의 188쪽에도 실려 있는 느베르 성당의 벽에 매료된 것이다. 당시 건축가를 목표로 대학의 설계 과제에 힘을 쏟던 나는 의외로 외벽의 표현에 집착하고 있었다. 특히 벽에 의한 양괴의 미적 표현을 여러 가지로 추구했던 것 같다. 그러던 때에 어느 미술서에 실린 생테티엔의 벽 사진을 만났다. 아치형의 구멍이 뚫렸고, 바닥에서 상승하는 샤프트로 분절된 중후한 벽, 어슴푸레함 속에 우뚝 솟은 강력한 돌 벽의 그 확고한 존재감에 나는 감동했던 모양이다.

나아갈 길이 건축가에서 건축사가(建築史家)로 서서히 방향 전환을 시작한 것은 이 무렵부터였을 것이다. 당시에는 건축사가가 되겠다는 명확한 의식은 없었고, 여전히 건축가에 뜻을 두고 있었다. 사실 나의 디자인 실력은 내 입으로 말하기 뭐하지만 쓸 만한 것이었다. 여하튼 건축사가의 길이 결정된 것은 우여곡절 끝에 현재의 대학에서 일하게 되었을 때다.

이후 35년 동안 고딕 건축의, 특히 내부 공간의 연구에 온 힘을 쏟았다. 본서의 초판이 발간된 2005년 이후에는 고딕 신랑벽면의 선조화 프로세스에 관한 내 자신의 이론을 입증하기 위해 주로 프랑스 북부에 산재한 교회당의 지주 프로필—중세 건축에서 지주는 벽의 일부다—의 실측 조사를 행했다. 참고로 나는 이 프로세스야말로 고딕 공간 성립의 근간을 이룬다고 생각한다. 현재도 이 연구를 계속하고 있는데, 지금까지 조사한 교회당은 200을 밑돌지 않고, 실측한 지주는 800을 넘으려 하고 있다. 요즘에야 겨우 산 정상이 보이는 것 같다. 중세 건축의 벽은 내게 있어 연구의 시작이자 현재다.

본서를 집필하게 된 것은 가와데쇼보신샤(河出書房新社) 편집부의 무라마쓰 교코(村松恭子) 씨의 강력한 권유 덕분이다. 사실 내 전공이 서양 건축사임에도 불구하고 일터인 대학에서 정식으로 서양 건축사 강의를 한 적은 한 번도 없다. 그런 사정이 있기에 본서의 집필은 서양 건축의 흐름을 대략적으로 살펴보고, 건축과 그 양식을 원리적으로 고찰하는 다시없을 귀중한 경험이 되었다. 같은 사정으로 대학에서 강의를 염두에 둘 필요가 없었기에 학생에게 필요한 지식이라는 제약에서 벗어나 매우 자유롭게 본서를 구상할 수 있었다. 실제로 본서를 집필하면서 나 자신이 건축 양식에 관해 다양한 사상을 고찰하고, 사고(思考)의 세계에서 즐길 수 있었던 점은 최고의 기쁨이었다. 또한 몇몇 대학에서 교재나 참고문헌으로 채용해주셨다는 이야기를 전해 들어 매우 감사하고 기뻤다. 본서의 집필 기회를 주신 무라마쓰 교코 씨께 이 자리를 빌려 진심으로 감사드릴 따름이다.

생테티엔 성당의 벽을 실제로 본 것은, 사진으로 감동한 지 20년이나 지난 어느 해의 3월이었다. 인적 없는 고요한 마을의 오솔길 끝, 부드러운 초봄의 햇살 속에 성당이 서 있었다. 한동안 주위를 순회한 뒤 입구 앞 소 광장의 석단에 앉아 성당의 정면을 바라보며 미리 사온 점심을 천천히 먹었다. 그리고 그 뒤에 안으로 들어갔다. 공간의 정밀함과 신랑벽의 아름다움은 나의 기대를 저버리지 않았다.

참고문헌

【전반】

고야마 히사오 『建築意匠講義(건축 의장 강의)』 도쿄대학출판회 1996년

와쓰지 데쓰로 『風土(풍토)』 이와나미서점 1963년

미야카와 에이지 『風土と建築(풍토와 건축)』 쇼코쿠샤 1986년

고바야시 분지 외 『建築学大系5 西洋建築史(건축학대계5 서양 건축사)』 쇼코쿠샤 1973년

일본건축학회 편(編) 『西洋建築史図集　三訂版(서양 건축사 도감 3정판)』 쇼코쿠샤 1986년

고바야시 분지 외 역(譯), N · 페브스너 『新版ヨーロッパ建築序説(신판 유럽 건축 서설)』

쇼코쿠샤 1989년

스즈키 히로유키 감역, S · 코스토프 『建築全史(건축전사)』 생활도서관출판국 1990년

구마쿠라 요스케 외 『西洋建築様式史(서양 건축 양식사)』 미술출판사 1995년

이이다 기시로 · 고데라 다케히사 감역, J · 머스그로브 『フレッチャー世界建築の歴史(플레처 세계

건축의 역사)』 니시무라서점 1996년

스즈키 히로유키 편 『図説年表 西洋建築の様式(도설 연표 서양 건축의 양식)』 쇼코쿠샤 1998년

마에가와 미치오 역, C · N · 슐츠 『西洋の建築(서양의 건축)』 혼노토모샤 1998년

니시다 마사쓰구 편 『ヨーロッパ建築史(유럽 건축사)』 쇼와도 1998년

니시다 마사쓰구 · 야가사키 젠타로 편 『図説 建築の歴史(도설 건축의 역사)』 학예출판사 2003년

진나이 히데노부 외 『図説 西洋建築史(도설 서양 건축사)』 쇼코쿠샤 2005년

【고전계】

모리타 게이치 『ウィトルーウィウス建築書(비트루비우스 건축서)』 도카이대학출판회 1979년

스즈키 히로유키 역, J · 서머슨 『古典主義建築の系譜(고전주의 건축의 계보)』

중앙공론미술출판 1989년

요시다 고이치 『オーダーの謎と魅惑(오더의 수수께끼와 매혹)』 쇼코쿠샤 1994년

호리우치 기요하루 편 『世界の建築2 ギリシア·ローマ(세계의 건축2 그리스 · 로마)』

학습연구사 1982년

이토 주코 역, J · J · 쿨튼 『古代ギリシアの建築家(고대 그리스의 건축가)』

중앙공론미술출판 1991년

260

이토 주코 역, R · 마르탕『図説世界建築史3 ギリシア建築(도설 세계 건축사3 그리스 건축)』
혼노토모샤 2000년

기리시키 신지로 역, J · B · 워드 퍼킨스『図説世界建築史4 ローマ建築(도설 세계 건축사4 로마 건축)』혼노토모샤 1996년

가와베 야스히로『図説 ローマ—(도설 로마)』가와데쇼보신샤 2001년

스즈키 히로유키 편『世界の建築6 ルネサンス · マニエリスム(세계의 건축6 르네상스 · 마니에리슴)』
학습연구사 1983년

기리시키 신지로 역, P · 머레이『図説世界建築史10 ルネサンス建築(도설 세계 건축사10 르네상스 건축)』혼노토모샤 1998년

야마다 지사부로 편『世界の建築7 バロック · ロココ(세계의 건축7 바로크 · 로코코)』
학습연구사 1982년

가토 구니오 역, C · N · 슐츠『図説世界建築史11 バロック建築(도설 세계 건축사11 바로크 건축)』
혼노토모샤 2001년

도이 요시타케 역, R · 미들턴, D · 와트킨『図説世界建築史13 新古典主義 · 19世紀建築(1)(도설 세계 건축사13 신고전주의 · 19세기 건축(1))』혼노토모샤 1998년

스즈키 히로유키 역, R · 미들턴, D · 와트킨『図説世界建築史14 新古典主義 · 19世紀建築(2)(도설 세계 건축사14 신고전주의 · 19세기 건축(2))』혼노토모샤 1998년

【중세계】

야나기 무네모토 편『世界の建築4 ロマネスク · 東方キリスト教(세계의 건축4 로마네스크 · 동방기독교)』학습연구사 1983년

이이다 기시로 역, H · E · 쿠바흐『図説世界建築史7 ロマネスク建築(도설 세계 건축사7 로마네스크 건축)』혼노토모샤 1996년

쓰지모토 게이코 · 달링 마스요『図説 ロマネスクの教会堂(도설 로마네스크의 교회당)』
가와데쇼보신샤 2003년

마에가와 미치오『ゴシックと建築空間(고딕과 건축 공간)』나카니시야출판 1978년

이이다 기시로 편『世界の建築5 ゴシック(세계의 건축5 고딕)』학습연구사 1982년

마에가와 미치오 · 구로이와 슌스케 역, L · 그로데츠키『図説世界建築史8 ゴシック建築(도설 세계 건축사8 고딕 건축)』혼노토모샤 1997년

마에가와 미치오 역, H · 얀첸『ゴシックの芸術(고딕의 예술)』중앙공론미술출판 1999년

사토 다쓰오 · 기마타 모토카즈『図説 大聖堂物語(도설 대성당 이야기)』가와데쇼보신샤 2000년

스즈키 히로유키 · 도요구치 마이코 역, C · 브룩스『ゴシック・リヴァイヴァル(고딕 리바이벌)』

이와나미서점 2003년

저자 : **사토 다쓰키**

1952년, 니가타 현 출생. 나고야 대학 공학부 건축학과 졸업. 동 대학원 공학연구과 박사전기과정 수료.
1983년, 나고야시 도시미관건축상 공동 수상.
1986년, 『고딕 공간의 형성 과정에 관한 연구』로 공학박사.
1987년, 동 연구로 일본건축학회 도카이상 수상.
1990년~2001년, 하기아 소피아 대성당(터키 이스탄불)의 학술조사단에 측량 책임자로 참가.
현재, 다이도 대학 부학장 · 대학원 교수. 전공은 서양건축사.
주요 저서로는 『도설 대성당 이야기(図説 大聖堂物語)』(공저, 가와데쇼보신샤), 『플레처 세계 건축의 역사 대사전(フレッチャー世界建築の歴史大事典)』(공역, 니시무라서점), 『세계 미술 대전집 서양편9 고딕1(世界美術大全集西洋編9 ゴシック1)』(공저, 소학관), 『하기아 소피아 대성당 학술조사 보고서(ハギア・ソフィア大聖堂学術調査報告書)』(공편저, 중앙공론미술출판), 『폴 프랑클 고딕 건축 대성(パウル・フランクル ゴシック建築大成)』(공역, 중앙공론미술출판) 등이 있다.

서양 건축의 역사

초판 1쇄 인쇄 2015년 11월 20일
초판 1쇄 발행 2015년 11월 25일

저자 : 사토 다쓰키
번역 : 조민경

펴낸이 : 이동섭
편집 : 이민규, 김진영
디자인 : 이은영, 이경진
영업 · 마케팅 : 송정환, 엄제노
e-BOOK : 홍인표, 이문영
관리 : 이윤미

㈜에이케이커뮤니케이션즈
등록 1996년 7월 9일(제302-1996-00026호)
주소 : 04002 서울 마포구 동교로 17안길 28, 2층
TEL : 02-702-7963~5 FAX : 02-702-7988
http://www.amusementkorea.co.kr

ISBN 979-11-7024-404-2 03610

*잘못된 책은 구입한 곳에서 무료로 바꿔드립니다.